»Alles für Hamburg«

Die Geschichte der Hamburger SPD
von den Anfängen bis zum Jahr 2007

SPD Landesorganisation Hamburg – AK Geschichte

Bildnachweis
Archiv der sozialen Demokratie: S. 7, 9, 10, 14, 15, 20, 53.
Forschungsstelle für Zeitgeschichte: S. 106, 107, 108, 109, 110, 111.
Privatbesitz Grot: S. 47.
Privatbesitz Matthies: S. 54.
Privatbesitz Stobbe: S. 52 oben.
Staatsarchiv Hamburg: S. 50.
Zentralverband deutscher Konsumgenossenschaften e.V.: S. 59.
SPD Landesorganisation Hamburg: alle anderen Fotos.

Trotz sorgfältiger Recherche konnten nicht alle Bildrechte
einwandfrei ermittelt werden. Wir bitten gegebenenfalls um Mitteilung
an die Landesorganisation Hamburg.

© SPD Landesorganisation Hamburg – AK Geschichte
»Alles für Hamburg« – Die Geschichte der Hamburger SPD
 von den Anfängen bis zum Jahr 2007
Alle Rechte vorbehalten.
Gestaltung: Jessica Scheidemann
Gesamtherstellung: Books on Demand GmbH, Norderstedt
ISBN 9783837028317
Redaktion: Christel Oldenburg, Helga Kutz-Bauer, Holger Martens,
            Walter Tormin

Der AK Geschichte bedankt sich bei Günter Grass für das Titelfoto,
bei Henning Glindemann für die Korrekturen und allen weiteren, die
das Projekt tatkräftig unterstützt haben.

Inhalt

Ingo Egloff

Die SPD: Eine stolze Partei in einer schönen Stadt

Die Hamburger SPD blickt auf eine lange und stolze Tradition zurück. Bereits im Zuge der Revolution von 1848 gab es Vorläufer in Hamburg. Der Hamburger Arbeiterbildungsverein wurde als einziger in Deutschland nicht verboten, obwohl der Deutsche Bund dies 1854 beschlossen hatte. Die Hamburger Polizei beobachtete lieber die »umstürzlerischen Umtriebe«. Und so war es auch nicht verwunderlich, dass bei Gründung des Allgemeinen Deutschen Arbeitervereins (ADAV) 1863, der Partei Lassalles, Hamburger Arbeiter, wie z. B. Jakob Audorf, der Verfasser der »Arbeitermarseillaise« beteiligt waren. Hamburg war schon damals eine Hochburg der Arbeiterbewegung. Auch in der 1869 gegründeten Sozialdemokratischen Arbeiterpartei, den so genannten Eisenachern, spielten Hamburger Arbeiter wie Theodor York und August Geib eine führende Rolle.

Die 1875 in Gotha vereinigte Sozialistische Arbeiterpartei Deutschlands (SAPD) hatte teilweise ihre Zentrale in der Hansestadt, die als »Hauptstadt des Sozialismus« galt. Und so war es auch nicht verwunderlich, dass August Bebel, nach der Aufhebung des Sozialistengesetzes von 1890 bis zu seinem Tod 1913 den Hamburger Wahlkreis 1 im Deutschen Reichstag vertrat. Weitere führende Sozialdemokraten, wie Herrmann Molkenbuhr, der von 1904 bis 1927 Mitglied des Parteivorstandes und seit 1911 Vorsitzender der Reichstagsfraktion war, kamen aus Hamburg.

Nach der Revolution von 1918 war es zwangsläufig so, dass Sozialdemokraten in Hamburg Regierungsverantwortung übernahmen, nachdem das Wahlrecht für die Bürgerschaft demokratisiert worden war. Die Namen Otto Stolten, Rudolf Ross und Adolph Schönfelder sind mit dieser Zeit verbunden. Auch in Hamburg kämpfte die SPD an zwei Fronten: Gegen die antirepunikanische Rechte und gegen die Kommunisten, die 1923 sogar der Auffassung waren, nun sei die Revolution gekommen. Nachdem die Weimarer Republik in Folge dieser Zangenbewegung und der tätigen Mithilfe der deutschen Großindustrie und der ostelbischen Junker – trotz Gegenwehr der Weimarer Koalition (SPD, Zentrum DDP zum Teil DVP) – unterging und die Nazis die Macht übernahmen, mussten auch die Hamburger Sozialdemokraten in die Illegalität oder Emigration. Viele saßen in den Konzentrationslagern und starben in den Kerkern der Nazis.

Trotzdem waren es Sozialdemokraten, die zum Teil schon vor Ende des Krieges Vorbereitungen trafen, um die SPD wieder zu gründen. Und so waren die Sozialdemokraten auch diejenigen, die die erste demokratisch gewählte Regierung führten. Max Brauer, der ehemalige Altonaer Oberbürgermeister, wurde Erster Bürgermeister der nun größer gewordenen Stadt Hamburg. Er begründete eine lange Reihe von stolzen sozialdemokratischen Bürgermeistern dieser Stadt: Von Paul Nevermann, Herbert Weichmann, Peter Schulz, Hans-Ulrich Klose, Klaus von Dohnanyi, Henning Voscherau bis zu Ortwin Runde.

Alle haben, neben anderen bekannten Sozialdemokraten wie Herbert Wehner, Helmut Schmidt, Karl Schiller, Hans Apel, Paula Karpinski, Irma Keilhack, Helmut Kern, Oswald Paulig dafür gesorgt, dass die Hamburger SPD jahrzehntelang die führende politische Kraft dieser Stadt war.

Hamburgs Sozialdemokraten haben die Demokratie in dieser Stadt durchgesetzt und sich um den Aufbau nach zwei Kriegen, um die Entwicklung der Stadt in schweren Zeiten verdient gemacht. Zu Recht betrachtet die SPD sich als die »Hamburg Partei«. Keine andere Partei hat in den letzten 145 Jahren mehr für diese Stadt getan und mehr Opfer für diese Stadt gebracht, als unsere Hamburger SPD. Darauf, dieser schönen Stadt und ihren Menschen gedient zu haben, sind wir Hamburger Sozialdemokraten stolz.

Helga Kutz-Bauer

Hamburg – das Zentrum der deutschen Arbeiterbewegung (1863–1890)

Geburt einer Partei

»Der Arbeiterstand muss sich als selbständige politische Partei konstituieren« hatte Ferdinand Lassalle dem Vorbereitungskomitee geantwortet, das einen deutschen Arbeiterkongress einzuberufen hatte. Als am 23. Mai 1863 der Allgemeine Deutsche Arbeiterverein (ADAV) in Leipzig gegründet wurde, da waren nicht zufällig Hamburger mit dabei. Schon im Frühjahr 1845 war in Hamburg ein Arbeiterbildungsverein als erste berufsübergreifende Arbeiterorganisation gegründet worden – es war bald der größte seiner Art in Deutschland. Die meisten Mitglieder im neu gegründeten ADAV kamen aus Hamburg und Umgebung, obwohl der Bildungsverein diesen offenbar als Konkurrenz empfand, Doppelmitgliedschaft nicht akzeptierte und »Überläufer« ausschloss. Doch der ADAV bekam immer mehr Zulauf, da er sich in den Lohnkämpfen der folgenden Jahre auf die Seite der Streikenden stellte. Am aktivsten in dieser neuen Bewegung waren in Hamburg die Berufsgruppen der Schneider, Tischler, Zigarrenarbeiter und Schuhmacher. Immer häufiger fanden Lohnauseinandersetzungen statt, worauf Staat und Unternehmer mit zunehmender Repression reagierten, die nur zur Folge hatte, dass sich immer breitere Arbeiterschichten in Hamburg und Umgebung politisierten und dem ADAV anschlossen. Bei öffentlichen Versammlungen, so zum Beispiel anlässlich der 7. Generalversammlung des ADAV in Hamburg vom 22.–26. August 1868, besuchten bis zu 6.000 Menschen die Veranstaltungen.

Jakob Audorf jun.
1. 8. 1835 – 20. 7. 1898
Schlosser und Maschinenbauer,
Schöpfer der »Arbeitermarseillaise«,
im September 1864 für die
Totenfeier Lassalles in Hamburg
gedichtet. »Wohlan wer Recht und
Wahrheit achtet…« wurde nach
der Melodie der Marseillaise nach
Veranstaltungen gesungen. Später
war er Redakteur des Hamburger
Echo.

In anderer Form hatten sich die Arbeiter organisiert, die den deutschen Arbeitervereinen angehörten. In diesen fanden sich bürgerliche Liberale, Demokraten und Vertreter der Arbeiter, die jährlich den Vereinstag deutscher Arbeitervereine (VDAV) abhielten. Die Zusammenarbeit mit den (klein-)bürgerlichen Demokraten brachte jedoch so viel Reibungspunkte, dass eine Trennung unvermeidlich schien.

Diese »Trennung der proletarischen von der bürgerlichen Demokratie« wurde im Jahre 1868 vorbereitet. Nachdem im VDAV die Gruppe der sozialdemokratisch orientierten Vereine an Macht gewonnen hatte, erklärte die Minderheit ihren Austritt. August Bebel wurde als Verbandspräsident wiedergewählt.

In der Folge gab es lebhafte Auseinandersetzungen in beiden Arbeitervereinen um die Struktur und Organisationsform der zu gründenden Gewerkschaften. Die Konflikte eskalierten durch die autoritäre Führung des ADAV, und daher lösten sich die führenden Köpfe in Hamburg von diesem Verein und gründeten im August 1869 in Eisenach die Sozialdemokratische Arbeiterpartei (SDAP). Doch noch immer hatte der ADAV in Hamburg wesentlich mehr Mitglieder als die neugegründete Partei, ja es gab Tumulte und Schlägereien zwischen beiden Gruppen. Die neue SDAP konnte sich in Hamburg nur schwer behaupten. Ein wesentlicher Konfliktpunkt zwischen beiden war auch die Frage der nationalen Einigung, war doch Deutschland ein Flickenteppich vieler kleiner Staaten ohne einheitliche Führung. Die einen wünschten eine kleindeutsche Lösung unter Führung von Preußen, die anderen ein nationaldemokratisches Großdeutschland mit Deutsch-Österreich.

Diese Differenzen wurden durch die Ergebnisse des deutsch-französischen Krieges 1870/71 beseitigt. Beide Parteien hatten den sofortigen Friedensschluss mit dem besiegten Frankreich ohne deutsche Gebietsansprüche gefordert. Diejenigen, die sich mit ihrer Kritik besonders exponiert hatten, wurden verhaftet. Es begannen scharfe Verfolgungen beider Arbeiterparteien, vor allem in Preußen. Der Hamburger Senat versuchte allerdings noch bis Ende der 70er Jahre die »preußische Engstirnigkeit« aus den sozialen und politischen Beziehungen zur Arbeiterschaft herauszuhalten. Diese Haltung, der wirtschaftliche Aufschwung der »Gründerjahre« und die liberalen und republikanischen Traditionen führten dazu, dass Hamburg schon Anfang der 70er Jahre das wichtigste Zentrum der sozialistischen Arbeiterbewegung im neuen Deutschen Reich wurde. Es war Sitz der meisten Gewerkschaftsvorstände und auch der Ausschuss der SDAP, der faktische Parteivorstand, wurde im August 1871 nach Hamburg verlegt.

Bei den Reichstagswahlen konnte der ADAV, besonders in dem damals noch selbständigen preußischen Altona schon seit 1871 bemerkenswerte Stimmergebnisse erzielen. In Hamburg gab es zunächst die besten Stimmergebnisse im Wahlkreis II, dem Wohngebiet der im Hafen Beschäftigten, der das Gebiet Neustadt und St. Pauli umfasste.

Schon Ende des Jahres 1873 wurde in Hamburg deutlich, dass die beiden Arbeiterparteien sich einander näherten, die Mitglieder nahmen die Entscheidung ihrer Funktionäre vorweg. In Verhandlungen zwischen Tölcke (ADAV) und August Geib für die Sozialdemokraten wurden in Hamburg ab März 1875 die Weichen für den Vereinstag beider Arbeiterparteien gestellt, der im Mai 1875 in Gotha stattfand. August Geib wurde zum Kassierer der »Sozialistischen Arbeiterpartei« (SAP) gewählt – damals die wichtigste Funktion – und war damit jahrelang unangefochten faktischer Parteivorsitzender. Bebel war es, der darauf drängte, den Sitz des Parteivorstand nach Hamburg zu legen: »Auch sei die Partei dort sehr stark und habe unter beiden Richtungen viele geeignete Personen, die eventuell in den Vorstand gewählt werden könnten... Hamburg müsse die Ehre haben...«.

August Geib 10.8.1842–1.8.1879 Buchhändler, Lyriker, 1874–1877 Mitglied des Reichstags (sächsischer Wahlkreis). Mitbegründer und eine der zentralen Führungspersonen der jungen SPD.

Hamburg mit Umgebung stellte bei diesem Parteitag im Jahre 1875 mit 4000 vertretenen Mitgliedern (17 % der Mitgliedschaft im Reich) nicht nur eine Hochburg dar, sondern infolge der günstigen sozioökonomischen Verhältnisse auch das finanzielle Fundament der Arbeiterbewegung. In der folgenden Zeit sollte sich Bebels Spruch bestätigen: »Ist Berlin die Hauptstadt des Deutschen Reiches, so ist Hamburg die Hauptstadt des deutschen Sozialismus.«

Die Hauptstadt des deutschen Sozialismus

Nach dem Wirtschaftsboom der ersten Jahre des neuen Kaiserreichs folgte 1873 der »Gründerkrach« und seitdem ging es wirtschaftlich abwärts. Den Berichten der Politischen Polizei ist zu entnehmen, dass monatlich in Hamburg zwischen 25 und 44 Versammlungen der SAP stattfanden. Der Verein sozialdemokratischer Frauen und Mädchen veranstaltete zwischen 6 und 11 Versammlungen im Monat. Hatten 1876 öffentliche Versammlungen noch zwischen 1.000 und 3.000 Besucher, so flaute der Besuch im Jahre 1877 mit zunehmender Wirtschaftskrise ab. Zu Beginn des Jahres 1878 klagten nicht nur die Parteifunktionäre, sondern auch die Gewerkschaften über schlechten Besuch der Versammlungen und sinkende Einnahmen.

Die Verfolgungen der Partei- und Gewerkschaftsaktivitäten im zu Preußen gehörenden Hamburger Umland – dazu gehörten die noch selbständigen Städte Altona, Ottensen, Wandsbek und Harburg-Wilhelmsburg – verschärften sich. Die Hamburger Partei und die Gewerkschaften ahnten nicht, dass seit Jahren von Seiten Preußens massiver Druck auf den Hamburger Senat ausgeübt wurde, er möge die Versammlungen unterbinden und die Arbeiterorganisationen verbieten.

Im Jahre 1874, einen Monat nach dem Verbot der Partei in Berlin und in anderen preußischen Städten, ließ deshalb der Senat die erste Akte »betreffend die sozialdemokratische Bewegung in Hamburg« anlegen. Senatssekretär v. Eckardt, ehemals Journalist, Kathedersozialist und gut bekannt mit einigen –

Helma Steinbach 1847–1918
Näherin, Vorleserin, Mitbegründerin von (sozialdemokratischen) Fachvereinen, 1890 gründete sie den Zentralverein der Plätterinnen. Mitbegründerin der »Produktion«. Lebensgefährtin des Gewerkschaftsfunktionärs und Reichstagsabgeordneten Adolf von Elm.

10

eher gemäßigten – Arbeiterführern, gelang es, wie er in seinen Memoiren schreibt, sich das Referat Sozialdemokratie »anzueignen«.

In Hamburg war die Wirtschaftslage jedoch relativ stabil geblieben, erst ab 1876/77 machten sich Anzeichen der Krise bemerkbar. In eben dieser Zeit fing die Hamburger Polizei an, die sozialdemokratischen Versammlungen zu überwachen.

Anfang des Jahres 1878 befand sich die Arbeiterbewegung durch die wirtschaftliche Notlage in einer desolaten Situation, als ein erstes Attentat auf Kaiser Wilhelm in Berlin verübt wurde und im Juni ein zweites folgte. Sie wurden zu Unrecht der Sozialdemokratie angelastet, die bei den geringsten Anlässen kriminalisiert wurde. Diese Attentate boten Bismarck jetzt den Anlass, den Reichstag aufzulösen, um für ein Ausnahmegesetz gegen die Sozialdemokratie über Neuwahlen einen gefügigeren Reichstag zu gewinnen. Und er hatte Erfolg. Nun begannen im ganzen Reich Verfolgung, Unterdrückung, Entlassung von Sozialdemokraten.

Die Hamburger Funktionäre und Mitglieder hatten die aus den Attentaten resultierende Gefahr zunächst nicht erkannt. Die Repressionsmaßnahmen vor allem in Preußen ließen jedoch den Kampfgeist wieder aufflammen, die Konzentration auf den Wahlkampf hob die Stimmung beträchtlich. Im Reich ist schon 1878 ein Absinken der sozialdemokratischen Stimmen ersichtlich, während in Hamburg noch leichte Zuwächse zu verzeichnen waren. August Geib riet, vorsichtig zu sein und die zentralen Parteigremien aufzulösen, Bebel, der diesen Beschluss abgelehnt hatte, übernahm das Amt des Parteikassierers von Geib. Das alles führte zu einer tiefen Irritation der Mitgliedschaft.

Gemeingefährliche Bestrebungen

Als am 21. Oktober 1878 das »Gesetz gegen die gemeingefährlichen Bestrebungen der Sozialdemokratie« in Kraft trat, gab es nicht nur in Berlin und anderen Orten, sondern auch in Hamburg, Altona, Wandsbek und Harburg zahlreiche Hausdurchsuchungen. Auch die sozialdemokratisch orientierten Gewerkschaften waren betroffen. Sozialdemokratische Vereine, Versammlungen, Druckschriften wurden verboten. Lediglich die Teilnahme an den Wahlen war der Partei noch erlaubt. Der § 28 des Gesetzes sah vor, dass notfalls über eine Region der sogenannte »Kleine

Belagerungszustand« verhängt und missliebige Personen ausgewiesen werden konnten. Dieser Paragraph trat am 28. November 1878 für Berlin und Umgebung in Kraft. Das hatte zur Folge, dass viele der Ausgewiesenen nach Hamburg gingen, um hier neue Erwerbsmöglichkeiten zu finden. Die Genossenschaftsdruckerei in der Amelungstraße war rechtzeitig vor dem Zugriff des Staates in Privatbesitz umgewandelt worden, indem der Sozialdemokrat J. H. W. Dietz sie kaufte. Diese Druckerei wurde zum Treffpunkt der Parteigenossen und zum informellen Vorstandssitz der Hamburger Sozialdemokraten.

Das Jahr 1879 ging als »Jahr der Verwirrung« in die Geschichte der Hamburger Partei ein, tatsächlich dauerte dieser Zustand aber viel länger, nämlich bis weit über das Jahr 1880 hinaus. Grund dieser Verwirrung waren folgende Faktoren:

- Der Parteivorstand in Hamburg verlor die Fühlung mit dem Gros der Partei innerhalb kürzester Zeit. Insbesondere die Selbstauflösung der Partei und die unklare und vorsichtige Line der Parteiführung blieb vielen unverständlich.
- Durch Geibs Rücktritt, seine Krankheit und seinen Tod im August 1879 entstand eine Lücke, die man nicht glaubte ausfüllen zu können.
- Durch die große Anzahl Berliner Ausgewiesener wurde Unruhe in die Partei getragen, die aus der ganz anderen politischen Prägung der Berliner resultierte und aus deren Bemühungen, über die Beteiligung an der Verwaltung der Parteifinanzen mehr Einfluss zu bekommen. Diese lag jedoch in den Händen einer Gruppe gemäßigter Hamburger, die wegen der Treffs in der Druckerei in der Amelungstrasse die »Amelunger« genannt wurden. Hier prallten die erwähnten unterschiedlichen Mentalitäten aufeinander, die wiederum nur Reflexe auf unterschiedliche politische Erfahrungen waren.

Die Partei zog sich in Ersatzorganisationen zurück, die Unterstützungs-, Kranken- und Hilfskassen. Seit Oktober 1878 hatte die Berliner Polizei einen Spitzel in die Reihen der Hamburger SPD eingeschleust, der zwar viele Berichte übermitteln konnte, es gelang ihm jedoch nicht, Zugang zu den Versammlungen der Hilfskassen zu bekommen, da die Kontrolle bei den Versammlungen sehr streng gehandhabt wurde. Weitere von Preußen insbesondere nach Altona entsandte Spitzel arbeiteten wiederholt als Provokateure. Auch die Hamburger Polizei beschäftigte damals einen Spitzel, der jedoch nur berichtete, ohne zu versuchen, die Sozialdemokraten zu unvorsichtigen Äußerungen und Aktionen zu provozieren.

Mittlerweise hatten Komitees, die sich vor allem aus den Gewerben der Schriftsetzer, Maurer, Bauhandwerker, Schuster, Schneider, Tischler und Zigarrenarbeiter zusammensetzten, faktisch die Leitung der Hamburger Arbeiterbewegung übernommen. Als im April 1880 eine Nachwahl für den II. Wahlkreis in Hamburg anstand, übernahmen diese den Wahlkampf und so konnte in Hamburg der erste Wahlkreis unter dem Sozialistengesetz erobert werden. Das hatte allerdings zur Folge, dass im Herbst 1880 der »Kleine Belagerungszustand« auch über Hamburg und Umgebung verhängt wurde – 1881 auch über Harburg. So wurden im Laufe der folgenden Jahre aus Hamburg, Altona und Umgebung weit über 300 Sozialdemokraten oft von einem auf den anderen Tag ausgewiesen, verloren Arbeit und Existenz. Auch viele kleine Gastwirte und Gewerbetreibende waren darunter, nicht selten blieb die Familie in Not zurück. Die SAP gründete illegale Unterstützungskassen für sie, eine Tradition, die die Parteimitglieder nach 1933 wieder aufnahmen, nicht wenige in der irrigen Annahme, die Zeit des Dritten Reiches ähnlich durchstehen zu können wie die Zeit des Sozialistengesetzes.

»Von nun an werden wir hassen«

Der Belagerungszustand und die vielen Ausweisungen wurden sowohl von der Presse wie von den Sozialdemokraten nicht auf die Initiative des Hamburger Senats zurückgeführt. Auch Bebel fragte, wie nur der Hamburger Senat sich so habe ins Bockshorn jagen lassen. Tatsächlich hatte der Senat sich erst spät dem Druck aus Preußen gefügt. Auch der oberste Beamte der Polizei, Polizeirat von Clausewitz,

„Nun mein Kind, drückt Dich denn Dein Korb nicht sehr?
Socialdemokratie: „O nein — wie Sie sehen, bin ich groß
und stark dabei geworden.“

Karikatur: »Aus Berlin«
(aus: Kladderadatsch Nr. 7/8, 1884)

stand diesen Maßregeln ablehnend gegenüber. Das hatte zur Folge, dass die Hamburger Polizei, im Gegensatz zur Polizei im preußischen Altona, sich genau an die Richtlinien der Gesetze hielt. Zwar erfolgte in Hamburg die Zulassung der gewerkschaftlichen Fachvereine später als in Berlin, doch die in Hamburg hatten länger Bestand, da die Fachvereine in Berlin ab Mitte der 80er Jahre wiederum Verboten zum Opfer fielen.

Auch die sozialdemokratische Presse wurde verboten – und nicht nur in Hamburg. Doch Neugründungen waren gesetzlich nicht zu verhindern. Nach dem Verbot des Hamburg-Altonaer Volksblatts im Jahre 1878 wurde in der Dietzschen Druckerei als Nachfolgeblatt die »Gerichtszeitung« herausgegeben, nach deren Verbot die Probenummer einer neuen Zeitung, nach dieser die »Bürgerzeitung«, die mehr als sechs Jahre lang erschien und einen Kreis von 12.000 Abonnenten hatte, was in Anbetracht der Einwohnerzahl und der Einkommensverhältnisse jener Zeit bemerkenswert ist.

Georg Wilhelm Hartmann 1842–1910 Schuhmacher, 1880 eroberte er in einer Nachwahl den II. Hamburger Wahlkreis

Nach der Zulassung des ersten Fachvereins der Maurer 1882 wurden dann in den kommenden Jahren mehr und mehr Fachvereine (faktisch also Einzelgewerkschaften) zugelassen. Durch die seit 1882 beginnenden Zollanschlussbauten und neuen Speicher, heute noch als »Speicherstadt« berühmt, entwickelte sich eine Sonderkonjunktur in Hamburg, die nicht nur den Gewerkschaften, sondern auch der Partei Auftrieb gab. Die gut verdienenden Maurer, Zimmerer und Metallarbeiter brachten enorme Summen für die Partei auf. Diese Mittel führten dazu, dass Hamburg die finanzielle Stütze der Partei im ganzen Deutschen Reich wurde. Theodor Bömelburg, der Vorsitzende des Maurervereins, prägte das Wort »Partei und Gewerkschaften sind eins!« und das blieb natürlich der Polizei nicht verborgen. Gegen Ende der 80er Jahre griff der Senat mehr und mehr in die Auseinandersetzungen zwischen Fachvereinen und Arbeitgebern ein.

Aber ihre gestärkte Position in den Jahren der Hochkonjunktur machte die Hamburger Arbeiter so siegesgewiss, dass sie Anfang des Jahres 1890 mehrheitlich für die Feier des 1. Mai zur Durchsetzung des 8-Stunden-Tages votierten. Sie übersahen jedoch, dass die Konjunktur im Abflauen war, die Bauten im Gefolge des Zollanschlusses nicht mehr unter Termindruck standen und vor allem, dass mitt-lerweile durch Zusammenschlüsse die Hamburger Unternehmerverbände eine Stärke erreicht hatten, die als geballte Gegenmacht nicht ohne Einfluss auf die Haltung des Senats blieb.

Umso deprimierender stellte sich die Situa-tion dar, als nach der Feier des 1. Mai fast 20.000 Arbeiter in Hamburg größtenteils monatelang ausgesperrt wurden. Tausende Familien gerieten in Not und litten Hunger. Stellungnahmen und Reden in den Fach-vereinen aus dieser Zeit belegen eine bisher so nicht wahrnehmbare Radikalität. Auch bei der Tarnorganisation der verbotenen Partei, dem Verein Hamburgischer Staatsangehöriger, in dem sich, wie die Polizei feststellte, »die Elite der Sozialdemokratie« sammelte, zeigte sich der Umschlag in Verbitterung und Radikalität. Oft hatten Partei- und Gewerkschaftsführer, die nicht selten Unterstützung durch liberale

Ignaz Auer 19. 4. 1846 – 10. 4. 1907 Sattler, Parteisekretär, Redakteur verschiedener Sozialdemokratischer Zeitungen, 1890–1907 Mitglied des Reichstags

Demokraten in der Bürgerschaft erhielten, die Haltung des Senats gelobt. Jetzt kippte die Stimmung, daher brachte es ein Redner auf die Formel: »Bis jetzt haben wir geliebt, von nun an werden wir hassen.«

Es sollte sich allerdings schon beim Ausbruch der Cholera 1892 zeigen, dass diese Verbalradikalität bei der hanseatisch angepassten Sozialdemo-kratie nicht von Dauer war, der Einsatz der Sozialdemokraten bei dieser Epidemie und ihre Kooperation mit den staatlichen Institutionen waren vorbildlich.

Wahlrecht ist Wahlpflicht!

Solidarität und Durchsetzungskraft der Sozialdemokratischen Partei unter dem Sozialistengesetz zeigten sich öffentlich vor allem bei den Wahlen. Die berufliche und regionale Vielgliedrigkeit des Hamburger Proletariats erschwerte Sanktionen und Kontrolle. Hier waren politische Kultur, professionelle Finanzverwaltung und eine ausgefeilte Wahlstrategie beste Voraussetzungen für Wahlerfolge der sozialistischen Partei, und das unter ganz schwierigen Wahlbedingungen.

Besonders hoch waren die Hürden bei der Bürgerschaftswahl. Trotz Kandidaturen von SPD-Kandidaten zur Bürgerschaft sollte es bis 1901 nicht gelingen, einen der 160 Abgeordnetensitze zu erringen, vor allem deshalb, weil das Wahlrecht an das Bürgerrecht gekoppelt war. Selbst als die Gebühr für das Bürgerrecht abgeschafft wurde, waren nur männliche Staatsangehörige zum Erwerb berechtigt, die fünf Jahre hintereinander

Der Pfeil ist auf die Socialdemokraten gerichtet; wie aber, wenn er über das Ziel hinausfliegt?

Karikatur »Reichstagsauflösung«　　　　　　*(aus: Kladderadatsch Nr. 31, 1878)*

ein jährliches Einkommen von mindestens 1.200 Mark versteuert hatten. Ein Vergleich macht das Missverhältnis deutlich:

1880/81
103.000 Reichstagswähler   31.000 Bürger   22.000 Bürgerschaftswähler

1890
138.000 Reichstagswähler   28.000 Bürger   23.000 Bürgerschaftswähler

Das veranlasste sozialdemokratische Arbeiter 1.200 Mark zu versteuern, obwohl sie gar nicht so viel verdienten – um ihre Kandidaten für die Bürgerschaft zu unterstützen.

Auch die Wahl zum Reichstag war nicht ohne Hürden:
- Wahlen waren jeweils am Wochentag – der Weg zum Wahlbüro bedeutete Lohnausfall.
- Der Wahlkreis wurde bestimmt gemäß dem Bevölkerungsstand 1867/71, obwohl die Bevölkerung Hamburgs sich zwischen 1871 und 1890 verdreifachte blieb es bei je einem Reichstagsmandat für die Hamburger Wahlkreise I, II und III.
- Das Wahlkomitee konnte zwar öffentlich agieren, aber Veranstaltungen waren meldepflichtig, jederzeitige Auflösung der Versammlung war möglich.
- Der Wähler (nur männliche über 25-jährige) musste selbst einen weißen Zettel mit Namen des Kandidaten abgeben.
- Die Wählerlisten waren fehlerhaft (hohe Fluktuation, d.h. es gab viele Um- und Zuzüge, die nicht erfasst wurden).

Die Partei entwickelte eine darauf abgestimmte Strategie: In den Betrieben und auf den Baustellen sprach man mit Kollegen. Es wurde zur Kontrolle der Wählerlisten aufgerufen und deutlich gemacht, dass über die Wahlen Druck aufgebaut und Arbeiterforderungen durchgesetzt werden konnten. So nahmen im Jahr 1887 in einer Woche 82.380 Personen – 68 % der Wahlberechtigten – Einblick in die Wählerlisten, und das trotz 12-stündiger Arbeitszeiten und langer Wege! 1878 reklamierten 23 % wegen fehlender oder falscher Eintragung, dagegen im Jahr 1890 nur noch knapp 4 %. Die Wählerlisten wurden abgeschrieben und bei jedem einzelnen agitiert, jeder Genosse bekam in seiner Straße eine Anzahl Hausbesuche zugeteilt.

Aufschlussreich ist die Analyse der Wahlergebnissen 1890: Hochburgen der SAP (bis über 80 %) befanden sich in Gebieten mit überalterter Bausubstanz, die zum Teil infolge der Cholera-Epidemie 1892 als Sanierungsgebiete ausgewiesen wurden. Schon für diese Zeit ist festzustellen, dass eine gemischte Einkommensstruktur und soziale Differenzierung neben der Baustruktur ein Viertel sehr viel mehr prägen als die Aufteilung in Arbeiter/Nichtarbeiter. Nach Analyse der kleinräumigen Wahlergebnisse und Sozialstrukturen ist festzuhalten:

Der typische SPD-Wähler in Hamburg (und mit wenigen Abstrichen gilt gleiches für Altona und Wandsbek) in der Zeit des Sozialistengesetzes

- lebte in einer minderwertigen Wohnung in einem relativ homogenen Wohngebiet,

- war jung (stärkste Alterskohorte waren die 25–35-jährigen).

- Das jährliche Einkommen lag erheblich über der niedrigsten Steuerklasse.

- Der typische SPD-Wähler gehörte nicht zum Lumpenproletariat.

Zwar – je geringer das Einkommen, desto höher war die Neigung, SAP zu wählen, doch der Vergleich der niedrigen Einkommen mit der Wahlstatistik zeigt, dass zwar der Anteil kleiner bis mittlerer Einkommen neben anderen Faktoren zu entsprechendem Stimmverhalten führt, aber der Anteil kleinster Einkommen nichts über die Präferenz SPD zu wählen aussagt. In »typischen« Arbeitervierteln, die ein höheres Einkommen als ihre Umgebung aufwiesen, konnte die SAP weit überproportionale Stimmergebnisse erzielen. Die Vororte aber, bei denen relative Wohlhabenheit mit überproportionaler Stimmabgabe für die SAP zusammentraf, lassen die Deutung zu, dass neben dem Faktor politisches Klima einer Landschaft gerade die Funktion des »Quartiers« eine wesentliche Rolle spielt, d. h. der Einbruch in das Kleinbürgertum war bereits 1890 gelungen.

Das Quartier ist wichtigster Sozialisationsraum außerhalb der Familie, dort werden im täglichen Umgang Wertvorstellungen und Verhaltensnormen vermittelt. Damals wie heute wird deutlich: Bestimmte Quartiere ziehen bestimmte Bevölkerungsschichten an und prägen sie. So zogen nach der Sanierung der Gängeviertel die Arbeiter mit Vorliebe in umliegende Bezirke Altonas, Barmbeks, Billwärders oder Eimsbüttels – trotz des Baues kleiner Genossenschaftswohnungen in anderen Vierteln.

Solche regionalen Kontinuitäten sind nicht nur vor 1900 ersichtlich, sondern lassen sich für Hamburg/Altona/Wandsbek/Harburg bis in die 60er Jahre des 20. Jahrhunderts und teils bis heute nachweisen: 1930 stellte man fest, dass anders als in anderen Städten für Hamburg das Auseinandersiedeln in getrennte Quartiere von ziemlich einheitlich sozialer Prägung nicht typisch war, es gibt so gut wie keine abgegrenzten Wohnquartiere des sog. Kleinbürgertums. Derartige Quartiere, so zeigen die wahlgeographischen Untersuchungen der Weimarer Zeit, führen zu Dauermehrheiten für die Linke.

Diese wahlgeographische Struktur wurde auch nicht nach 1945 durchbrochen, als die Hälfte aller Gebäude in Hamburg in Schutt und Asche lag, nachdem Tausende von Flüchtlingen und Vertriebenen kamen. Vielmehr kann festgestellt werden: Noch 1966 ist in Hamburg der Bereich mit »roten« Stimmen fast deckungsgleich mit den Bereichen 1890 (abgesehen von einigen Randgebieten). Anfang der 90er Jahre bricht die neue soziale Bewegung der GRÜNEN in die traditionellen Hochburgen der SPD (z. B. St. Pauli, St. Georg, Altona-Nord, Ottensen) ein. Auch hier zeigt sich die Attraktivität besonderer Stadtteile für bestimmte Bevölkerungsschichten. Zwar ist die SPD-Anhängerschaft nach wie vor in den traditionellen Stadtteilen fest verankert, dass diese jedoch erodiert, kann nicht geleugnet werden. Die Gründe sind vielschichtig, aber rückblickend auf die kontinuierlichen Erfolge für die Linke in der Zeit bis 1933 muss auch reflektiert werden, inwieweit von einer Verankerung von Funktions- und Mandatsträgern in den traditionellen Hochburgen der SPD noch gesprochen werden kann. Ist vielleicht die räumliche Entfernung des Wohnorts der Abgeordneten ein Indiz für die Entfernung der SPD von denen, die sie vertritt? Könnte das Internet der Ersatz für die Zeitungen sein, die unter dem Sozialistengesetz Gesprächsstoff mit anderen und Zusammenhalt untereinander boten? Die damalige Hamburger Arbeiterbewegung hatte eine hochentwickelte politische Kultur, war organisationstreu und organisationswillig, festgelegt auf Berechenbarkeit von Politik und orientiert am praktischen Erfolg unter den Bedingungen, die Gesellschaft und

Staat erzwangen. Die Sozialdemokraten waren Hoffnungsträger in jener Zeit sowohl für die Hafenarbeiter wie für die Besten der Facharbeiter, für den kleineren Mittelstand, gleichzeitig aber auch für die Armen am Borstelmannsweg, von denen 80 % der Wähler ihre Stimme der SPD gaben.

Foto 1890: Hamburg die Hochburg. Nach dem Fall des Sozialistengesetzes waren der I. Wahlkreis (August Bebel. I.), der II. (J.H.W. Dietz, Mitte) und durch großen Einsatz der Partei zum ersten Mal auch der III. (Wilhelm Metzger, r.) erobert. Erbittert hieß es in den Hamburger Nachrichten: »Ein sächsischer Drechslermeister, ein Stuttgarter Buchdrucker, ein Hamburger Reporter repräsentieren von nun an … fünf Jahre Hamburg im Deutschen Reichstag.« Gleichzeitig wurde Altona durch den Sozialdemokraten Frohme und Pinneberg durch Molkenbuhr vertreten.

Franklin Kopitzsch

Von der Aufhebung des Sozialistengesetzes bis zum Beginn der Weimarer Republik

Die SPD zwischen 1890 und 1914

In den zweieinhalb Jahrzehnten zwischen der Aufhebung des Sozialistengesetzes und dem Ersten Weltkrieg wurde Hamburg zur Weltstadt – »des Deutschen Reiches Tor zur Welt«. Die Entwicklung zu einem der großen Welthäfen und zur nach Berlin größten deutschen Industriemetropole spiegelt sich in den Einwohnerzahlen wider: 1890 hatte Hamburg 622.530 Einwohner, 1910 wurde mit 1.014.664 die Millionengrenze überschritten, 1914 wurden 1.025.107 Bewohner gezählt.

1890 eroberte der Sozialdemokrat Wilhelm Metzger den dritten Hamburger Reichstagswahlkreis. Bis zum Ende des Kaiserreiches blieben die drei Hamburger Wahlkreise in der Hand der SPD. 1890 erreichten die Sozialdemokraten bei der Reichstagswahl 58,7 % der Stimmen. Die Choleraepidemie 1892 zeigte in aller Deutlichkeit, dass Verfassung und Verwaltung der Stadt den Anforderungen einer rasch wachsenden Großstadt nicht gewachsen waren, dass soziale Spannungen und Probleme nicht gelöst werden konnten. Bei der Bekämpfung der Epidemie mussten Senat und Verwaltung auf die Sozialdemokraten zurückgreifen, die über eine vorzügliche Organisation verfügten. In der Flugblattverteilung zur Aufklärung der Bevölkerung über die Seuche und ihre Gefahren, in den Desinfektionskolonnen und in den Notstandskomitees bewährte sich die SPD. Von der politischen Mitwirkung aber blieb sie weiter ausgeschlossen. Zwar hatte die Agitation gegen das Bürgergeld, mit dem auch das Wahlrecht verbunden war, 1896 Erfolg. Doch statt

Im Dezember 1896 fanden in Altona und Rothenburgsort Solidaritätskundgebungen der Frauen streikender Hafenarbeiter und Seeleute statt.

Vom 3. bis 9. Oktober 1897 fand in Tütges Etablissement am Valentinskamp der Parteitag der SPD statt. In diesem Lokal trafen sich die Sozialdemokraten oft zu Veranstaltungen. Am 14. November 1905 sprach hier Rosa Luxemburg über die Russische Revolution und den Massenstreik.

Die Sozialdemokraten im Kampf mit der »Protzenrepublik« um das Wahlrecht. Karikatur aus der sozialdemokratischen Satirezeitschrift »Der wahre Jacob« von 1905.

der Zahlung von 30 Mark Bürgergeld musste nun der Nachweis erbracht werden, dass drei Jahre lang mindestens 1.200 Mark versteuert worden waren. Viele Sozialdemokraten zahlten freiwillig mehr Steuern, um das Wahlrecht für die Bürgerschaft zu erlangen. 1901 wurde mit dem gelernten Schlosser und »Echo«-Redakteur Otto Stolten der erste Sozialdemokrat in die Bürgerschaft gewählt, 1904 kamen zwölf weitere Abgeordnete hinzu. Weite Teile des Bürgertums sahen die »rote Flut« unaufhaltsam auf sich zukommen und suchten ihr durch eine Wahlrechtsänderung Einhalt zu gebieten. »Der wahre Jacob«, die satirische Zeitschrift der Sozialdemokratie – so etwas gab es einmal! – zeigte im Sommer 1905 in einer Karikatur die »Schlachtordnung«. Das Tor des Hamburger Wappens trug die Aufschrift »Protzenrepublik Hammonia«. Senatoren, Großbürger und Polizei verteidigen es gegen die anstürmenden Arbeiter, die eine Fahne mit der Aufschrift »Allgemeines, gleiches, geheimes und direktes Wahlrecht!« mit sich führen – »Die ›rote Hansa‹ wider die Protzenrepublik«, wie es in der Bildunterschrift heißt. Das »Heckerlied« aus der Revolution von 1848/49 dichtete der »Wahre Jacob« auf Hamburg um:

»Wenn dich die Leute fragen:
Wo steckt die Reaktion?
So kannst du ihnen sagen:
Sie ist am Werke schon!

Sie wartet nicht, bis Preußen
Der Freiheit dreht den Strick,
Es macht den ersten Vorstoß

Die Protzen-Republik
Die roten Hanseaten
Sie rufen drum zum Sturm,
Hoch flattert ihre Fahne
Wider der Feinde Turm«.

Im Januar 1906 wehrten sich die Hamburger Arbeiter im ersten politischen Generalstreik in Deutschland gegen den »Wahlrechtsraub«. Als es am Rande zu Ausschreitungen und Tumulten kam, wurden diese der SPD untergeschoben und Versammlungen verboten. Nach den neuen Bestimmungen wurden in den allgemeinen Wahlen zur Bürgerschaft zwei Drittel der Abgeordneten von den Hamburgern gewählt, die 2.500 Mark und mehr versteuerten, ein Drittel von denen, die zwischen 1.200 und 2.500 Mark versteuerten. Dennoch ging der Aufstieg der SPD weiter, 1913 waren 20 Sozialdemokraten in der Bürgerschaft vertreten. In der gemeinsamen Opposition von SPD und »Vereinigten Liberalen« um Carl Petersen gegen den »Wahlrechtsraub« liegen die Wurzeln späterer sozialliberaler Zusammenarbeit.

Mitte der 90er Jahre hatte die Hamburger SPD rund 15.000, 1914 fast 68.000 Mitglieder, das waren rund 50 % ihrer Reichstagswähler. Damit wurde eine außerordentlich hohe Organisationsdichte erreicht. Bei den Reichstagswahlen 1903 hatte die SPD in Hamburg 62 % der Stimmen erhalten. Hamburg und das zur preußischen Provinz Schleswig-Holstein gehörende Altona zählten zu den Hochburgen der SPD im Kaiserreich. Die drei Wahlkreisvereine schlossen sich 1906 zu einer Landesorganisation zusammen. 1905/06 nahm der sozialdemokratische Jugendbund seine Arbeit auf. Das 1908 vom Reichstag verabschiedete Vereinsgesetz gab den Frauen die Möglichkeit, in Parteien und Gewerk-

Kommt nicht nach Hamburg!
An Euch auswärtige Arbeiter Alle ergeht die dringende Warnung, nicht auf die Vorspiegelungen
gewissenloser Agenten
hereinzufallen! Dieselben locken Euch in's größte Verderben!
Die fremden Arbeiter werden hier auf den Schiffen gleich Sklaven behandelt. Sie werden auf den Schiffen eingesperrt, müssen hungern und frieren und bekommen keinen Pfennig Geld in die Hände. Werdet nicht zu Streikbrechern, denn Eurer wartet ein schreckliches Loos!
Hier streiken jetzt 15000 Mann!
Verlag: C. Schippmann in Hamburg. — Druck: Hamburger Buchdruckerei und Verlagsanstalt Auer & Co. in Hamburg.

Mit Streikbrechern aus dem In- und Ausland versuchten die Arbeitgeber, den Kampf der Hafenarbeiter zu schwächen. Der Aufruf der Streikenden wendet sich an auswärtige Arbeiter, sich nicht als Streikbrecher missbrauchen zu lassen.

schaften mitzuwirken. Erste Frau im Parteivorstand war Luise Zietz, die als Kindergärtnerin in Hamburg ihre politische Tätigkeit begonnen hatte. Beim großen Hafenarbeiterstreik 1896/97 hatte sie die Frauen aufgerufen, an der Seite ihrer streikenden Männer durchzuhalten.

Einen großen Aufschwung nahm im Jahrzehnt vor dem Ersten Weltkrieg die Bildungs- und Kulturarbeit der Sozialdemokratie. Am Anfang stand der »Fortbildungsverein für Barmbeck-Uhlenhorst«, der 1881 gegründet worden war und sich im Klubzimmer von Peter Blesgens Gastwirtschaft in der Oberaltenallee traf. Aus ihm und anderen Organisationen ging 1905 der »Fortbildungsverein für Hamburg-Altona« hervor, der dann im Gewerkschaftshaus gute Entfaltungsmöglichkeiten fand. Eine »Zentral-Arbeiterbibliothek« wurde 1911 geschaffen. Ein »Ausschuß zur Förderung der Jugendspiele« bildete sich 1911/12. Seit 1909/10 gab es eine »Zentralkommission für das Arbeiterbildungswesen«. Im Winter 1912/13 kamen zu 73 Vorträgen 12.019 Hörer. Im Winter 1913/14 wurden 24 Kurse veranstaltet, die 726 Teilnehmer hatten. Neben allgemein- und berufsbildenden Kursen wurden Kurse und Vorträge zur Geschichte, Literaturgeschichte, zur Naturwissenschaft und Volkswirtschaft angeboten. Literarische Abende, Konzerte und Schauspielaufführungen ergänzten das Programm. Stark vertreten waren in Hamburg auch Arbeitersänger und Arbeitersportler. Von den neuen Wohnblöcken der Baugenossenschaft der Schiffszimmerer und der »Produktion« gingen politische und kulturelle Aktivitäten aus. Johannes Schult hat dies am Beispiel der Wohnanlage der »Pro« am Schleidenplatz in Barmbek (dem heutigen Biedermannplatz) eindrucksvoll überliefert. Jugendbund, Volkschor und Elterngemeinschaften, Vorläufer der späteren Elternräte, nahmen von hier ihren Anfang. Großen Anteil an der Kultur- und Bildungsarbeit hatten Hamburger Volksschullehrer, die sich zur Sozialdemokratie bekannten und 1909 – 1912 die »Sozialwissenschaftliche Vereinigung«, den ersten sozialistischen Lehrerverein Deutschlands, bildeten. Neben Emil Krause, Redakteur und Feuilletonchef am »Echo«, erwarb sich der Lehrer Carl August Hellmann, später einer der Hamburger Vertreter in der Weimarer Nationalversammlung, große Verdienste. Auch Rudolf Roß, der 1929/30 als erster Hamburger Sozialdemokrat das Amt des Ersten Bürgermeisters übernahm, gehörte zu diesem Kreis. Genossenschaften und Konsumvereine zeigten mit ihren Bauten Alternativen zur Wohnungsmisere, in der die meisten Hamburger Arbeiter leben mussten.

Gewerkschaften und Genossenschaften

Von 1890 bis 1902 war Hamburg die Hauptstadt der deutschen Gewerkschaftsbewegung, denn in dieser Zeit hatte die nach der Aufhebung des
Sozialistengesetzes als zentraler Zusammenschluss geschaffene »Generalkommission der Gewerkschaften Deutschlands« unter dem Vorsitz von
Carl Legien ihren Sitz in Hamburg. Außerdem war Hamburg Sitz zahlrei-
cher Einzelgewerkschaften. Im Winter 1896/97 erlebte Hamburg mit dem
Hafenarbeiterstreik die bis dahin größte Auseinandersetzung im Arbeits-
kampf in Deutschland. Zeitweise waren 16.000 Arbeiter im Ausstand.
Auch wenn der Streik im Februar 1897 nach dreimonatiger Dauer abge-
brochen werden musste, verbesserten sich doch in der Folge die Arbeits-
bedingungen im Hafen. 1929 widmete übrigens der von Sozialdemokraten wie Heinrich Braune und Herbert Pardo geförderte Regisseur Werner
Hochbaum dem Hafenarbeiterstreik den Spielfilm »Brüder«. Zu eindrucks-
vollen Demonstrationen der erstarkenden Arbeiterbewegung wurden
nach 1890 die Maifeiern. Auch mit Entlassungen und Aussperrungen
konnten die Arbeitgeber, die in Hamburg bereits 1890 einen Verband
gründeten, diese Kundgebungen nicht schwächen. Fiel der 1. Mai auf
einen Sonn- oder Feiertag, dann nahmen 70.000 Arbeiter an den Versammlungen und Festzügen teil. Zu einem Symbol der Stärke wurde auch
das Gewerkschaftshaus am Besenbinderhof, das 1906 eingeweiht wurde
und bereits 1913 einen Neubau erhielt. Die Sozialdemokraten brachten
erhebliche Mittel für die Bauten auf. August Bebel nannte den neuen
Bau treffend die »Waffenschmiede« der Hamburger Arbeiterschaft. 1890
hatten die Hamburger Gewerkschaften 30.000 Mitglieder, 1908 über
100.000, im Reich waren es 1892 237.000, 1912 2,6 Millionen. Hamburg
entwickelte sich im Kaiserreich zum Zentrum der Genossenschaften, des
dritten Pfeilers der Arbeiterbewegung. Adolph von Elm, bis 1896 Mitglied der »Generalkommission« war der führende Kopf dieses Bereiches.
1894 wurde die »Großeinkaufsgesellschaft Deutscher Konsumvereine«,
die »GEG« geschaffen, 1903 der »Zentralverband deutscher Konsumvereine«. Er umfasste 1911 1.142 lokale Genossenschaften mit 1,3 Millionen Mitgliedern und 335 Millionen Mark Umsatz. Die erfolgreichste dieser Genossenschaften war die 1899 entstandene Hamburger »Produktion«. Ihr gehörten 1913 73.000 Mitglieder an. Die »Pro« hatte über 100
Verkaufsstellen und rund 1.500 Mitarbeiter. Sie erzielte einen Umsatz von

über 20 Millionen Mark. 1912 wurde in Hamburg die »Volksfürsorge« als erstes gemeinwirtschaftliches Unternehmen Deutschlands gegründet. Gewerkschafter und Genossenschafter hatten prägenden Einfluss auf die Hamburger Sozialdemokratie. Neben Adolph von Elm sind Helma Steinbach, Max Josephsohn, Joseph Berkowitz Kohn und Max Mendel, der 1942 im Konzentrationslager Theresienstadt starb, als aus der Sozialdemokratie und Gewerkschaftsbewegung hervorgegangene Hamburger Pioniere der Genossenschaften zu nennen.

Zäsuren: Bebels Tod 1913 – Kriegsausbruch 1914

1913 starb August Bebel, der unbestrittene Führer der deutschen Sozialdemokratie. Seit 1883 war Bebel der Hamburger Sozialdemokratie als Reichstagsabgeordneter eng verbunden. Hamburg betrachtete er stets mit Stolz und Anerkennung als Hochburg der Partei. Aus Beiträgen und Überschüssen der Auerdruckerei konnte die Hamburger SPD stets erhebliche Mittel über die vorgeschriebenen Abgaben hinaus an die Berliner Parteikasse abführen. Das »Hamburger Echo« mit über 70.000 Abonnenten vor dem Ersten Weltkrieg gehörte zu den großen Zeitungen der Sozialdemokratie. Seit dem »Erfurter Programm« von 1891 bestimmte das Spannungsverhältnis von »revolutionärer Theorie und reformistischer Praxis« (Heinrich August Winkler) die Arbeit der SPD. Erwartet wurde der zwangsläufige Zusammenbruch des Kapitalismus, der große Kladderadatsch, wie Bebel drastisch formulierte. Dann sei die Stunde des Sozialismus gekommen. Demgegenüber sah Eduard Bernstein die SPD als »demokratisch-sozialistische Reformpartei«, deren Aufgabe es sei, »die Arbeiterklasse politisch zu organisieren und zur Demokratie auszubilden, und für alle Reformen im Staate zu kämpfen, welche geeignet sind, die Arbeiterklasse zu heben und das Staatswesen im Sinne der Demokratie umzugestalten«. Zwar unterlag Bernsteins Revisionismus auf dem Parteitag in Dresden 1903, doch blieb er weiter in Teilen der SPD durchaus wirksam. Neben dem Streit über den Revisionismus wurde um und nach der Jahrhundertwende auch über das Verhältnis von Partei und Gewerkschaften, über den politischen Massenstreik lebhaft diskutiert und gestritten. Auf dem Mannheimer Parteitag wurde 1906 eine Einigungsformel gefunden: »Um bei Aktionen, die die Interessen der Gewerkschaften und der Partei gleichmäßig berühren, ein einheitliches Vorgehen herbeizuführen, sollen die Zentralleitungen beider Organisationen sich zu verständigen suchen«.

Als die Gefahr eines Weltkrieges drohte, traten die Sozialdemokraten im Rahmen der Internationale, auf nationaler und lokaler Ebene für den Frieden ein, demonstrierten für Völkerverständigung und gegen Rüstung und Militarismus. Am 4. August 1914 aber stimmte die SPD-Fraktion im Reichstag geschlossen für die Bewilligung der Kriegskredite – 14 Abgeordnete beugten sich der Fraktionsdisziplin. Damit war der Keim zur Spaltung der Partei gelegt. In Hamburg fanden die nationalistischen Töne, die das »Echo« anschlug, Widerspruch bei einer kleinen Minderheit, die dann die Opposition trug und schließlich die Abspaltung vornahm.

Im August 1914 zeigte sich, dass in der SPD »ein ganz eigenartiges Element sozialdemokratischen Selbstverständnisses, eine Art deutsch-sozialdemokratisches Sendungsbewußtsein« (Helga Grebing) entstanden war. Bebel hatte dazu 1907 auf dem Essener Parteitag erklärt: »Wenn wir wirklich einmal das Vaterland verteidigen müssen, so verteidigen wir es, weil es unser Vaterland ist, als den Boden, auf dem wir leben, dessen Sprache wir sprechen, dessen Sitten wir besitzen, weil wir dieses unser Vaterland zu einem Land machen wollen, wie es nirgends in der Welt in ähnlicher Vollkommenheit und Schönheit besteht«. Nicht zu vergessen sind auch der Einfluss, der über Schule und Militärdienst auf die Arbeiterschaft einwirkte, und die Ablehnung des zaristischen Russlands, das die Arbeiterbewegung unterdrückte.

Die SPD im Ersten Weltkrieg

Die SPD erwartete vom »Burgfrieden« innenpolitische Reformen. Doch auch in Hamburg tat sich das Bürgertum schwer damit. Der Antrag der SPD auf staatliche Arbeitslosenunterstützung wurde vertagt. Erst 1915 wurden Sozial-

*Die Parteipresse war nach innen wie nach außen ein wichtiges Mittel der Agitation, der Bildung und der Information. Das Bild zeigt die Redaktion der Zeitung »Hamburger Echo« in den 1890er Jahren.
Hinten: Emil Fischer, Herm. Molkenbuhr, Fritz Steinfatt, Reinh. Stenzel, Rénard Bérard, Wilh. Metzger, R. v. Rospitzky; vorne: Jan Will, Karl Frohme, Gustav Stengele, Jakob Audorf, Otto Stolten, Carl Heine*

demokraten Ämter in Verwaltung und Bürgerschaft eingeräumt – Emil Krause wurde Mitglied der Deputation für das Gewerbe- und Fortbildungsschulwesen, Georg Blume als Schriftführer Mitglied des Vorstands der Bürgerschaft. Weitere Deputierte wurden 1917 und 1918 gewählt. Doch die Wahlrechtsreform, die 1915 in Gang gekommen war, zog sich hin. 1915 stimmten die SPD-Bürgerschaftsabgeordneten erstmals dem Etat zu. Teuerung und Lebensmittelknappheit führten 1916 und 1917 zu Unruhen, Streiks und Arbeitsverweigerungen kamen hinzu. Ende Januar 1918 streikten rund 30.000 Arbeiter für Frieden und Freiheit. Zwar war im Juli 1917 die Klasseneinteilung der Wähler aufgehoben worden, doch das Frauenwahlrecht wurde weiter verwehrt. 1917 spalteten sich die USPD und die Linksradikalen von der SPD ab, zu der die große Mehrheit der Mitglieder hielt. Von der Spaltung war auch der Jugendbund betroffen. Während SPD und Gewerkschaften mehr und mehr mit dem Staat kooperierten, begegnete dieser den neuen Gruppen mit harter Konfrontation. Am 21. Oktober 1918 trat eine Delegiertenversammlung der SPD für die umfassende Demokratisierung Hamburgs ein. Doch sie blieb aus.

Von der Novemberrevolution zur Republik

Als Anfang November 1918 die Revolution Hamburg erreichte, setzten sich USPD und Linksradikale mit Heinrich Laufenberg, dem Geschichtsschreiber der Hamburger Sozialdemokratie, an die Spitze der revolutionären Bewegung. Zur umfassenden Neugestaltung fehlten in Hamburg der Rätebewegung wie der Mehrheitssozialdemokratie umsetzbare Konzepte und Strategien. Die Kämpfe, die gegeneinander geführt wurden, lähmten entschlossenes politisches Handeln, kosteten Zeit und Kraft. USPD und Linksradikale vermochten SPD und Gewerkschaften von der Macht nicht fernzuhalten, mussten ihre Mitwirkung, dann ihre Dominanz akzeptieren. Senat und Bürgerschaft konnten entgegen den Hoffnungen der radikaleren Kreise nicht dauerhaft ausgeschaltet werden. Die SPD setzte auf Kooperation und meinte auf das Fachwissen der Beamtenschaft nicht verzichten zu können. Ihre Hauptziele waren allgemeine Wahlen von Männern und Frauen für die Bürgerschaft, die Wahl eines neuen Senats und die Ausarbeitung einer Verfassung. Auch in Hamburg kam es im Januar 1919 zu Kämpfen radikaler Gruppen, die sich gegen das

Gewerkschaftshaus und das »Hamburger Echo« richteten. Der von der
SPD für den 11. Januar 1919 ausgerufene Generalstreik führte zur Neu-
wahl des Arbeiterrates, in dem nun der Sozialdemokrat und Gewerkschafter Karl Hense die Spitzenposition einnahm. »Anders als in Berlin«,
so Ursula Büttner in der von Werner Jochmann und Hans-Dieter Loose
herausgegebenen Stadtgeschichte, »konnte sich die SPD durchsetzen,
ohne auf die Machtmittel des alten Regimes zurückzugreifen und sich
durch das Bündnis mit reaktionären Offizieren zu kompromittieren«. Versuche, eine republikanische Volkswehr zu schaffen, konnten nicht reali-
siert werden. Am 16. März 1919 wurde die erste ausschließlich durch das
freie, allgemeine, gleiche und geheime Wahlrecht von Frauen und Männern bestimmte Hamburger Bürgerschaft gewählt. Die SPD erhielt 50,5 %
der Stimmen, die USPD 8,1 %. Mit der Deutschen Demokratischen Partei
(DDP), Nachfolgerin der »Vereinigten Liberalen«, bildete die SPD eine
Koalitionsregierung. Otto Stolten übernahm das
Amt des Zweiten Bürgermeisters. Eine Notver-
fassung wurde beschlossen. Am 9. Januar 1921 trat
die erste demokratische Verfassung Hamburgs in
Kraft, deren Grundzüge auch heute noch das politische Leben der Stadt bestimmen. 1918/19 schuf
die SPD eine straff gegliederte Landesorganisation,
die sich in Distrikte und Bezirke untergliederte. Die
Mitgliederzahl entsprach dem Vorkriegsstand. 1921
zählte die Hamburger SPD 72.246 Mitglieder, darunter fast 15.000 Frauen. 1926 gab es 42.000 Mitglieder, davon 10.000 Frauen, 1932 57.000 Mitglieder, davon 15.000 Frauen. Vorstand, Fraktion und
Mitgliedschaft waren überaltert.

*Otto Stolten (1853 – 1928) errang
1901 das erste Bürgerschafts-
mandat für die Hamburger SPD.
Von 1919 bis 1925 war der gelernte
Schlosser und langjährige »Echo«-
Redakteur Zweiter Bürgermeister
der Freien und Hansestadt
Hamburg. Radierung von Ernst
Eitner aus dem Jahr 1915.*

Im Juni 1919 kam es in Hamburg – ausgehend von
einem Lebensmittelskandal – zu Tumulten. Das Rathaus schien in Gefahr. Die Freiwilligenwach-
kompanie aus Bahrenfeld wurde zu Hilfe gerufen.
Es gab Tote und Verletzte auf beiden Seiten. Die
Reichswehr wurde vom Senat gerufen und rückte
am 31. Juli in die Stadt ein, nachdem alle Versuche,
ihr Eingreifen doch noch zu verhindern, gescheitert

waren. Unverkennbar war ihre antirepublikanische Einstellung. Ihre Offiziere reorganisierten die Polizei- und Sicherheitskräfte und traten beim Kapp-Putsch im März 1920 auf die Seite der Putschisten. Dagegen hielten die Mannschaften und Unteroffiziere der Polizei und der Reichswehr zur Republik. SPD, DDP, USPD, freie, christliche und liberale Gewerkschaften, Beamtenverbände und die »Gesellschaft der Freunde des vaterländischen Schul- und Erziehungswesens«, die traditionsreiche Vertretung der Volksschullehrer, riefen den Generalstreik aus, der Erfolg hatte. Besonderen Anteil hatte die stark sozialdemokratisch beeinflusste Einwohnerwehr. Die junge Demokratie hatte ihre erste große Bewährungsprobe bestanden.

1920 spaltete sich die USPD. Ein Teil ging zur SPD zurück, ein anderer wechselte zur Kommunistischen Partei Deutschlands. Ernst Thälmann übernahm als Vertreter der ehemaligen USPD-Linken die Führung der Hamburger Ortsgruppe. Im März 1921 und im Oktober 1923 versuchte die KPD in Hamburg den Umsturz. Doch ihre Putsch- und Aufstands-aktionen scheiterten; sie vertieften die Kluft zwischen SPD und KPD ent-scheidend.

Bei den Bürgerschaftswahlen 1921 erhielt die SPD 40,6 % der Stimmen, die USPD 1,4 % und die KPD 11 %. Die Koalition mit der DDP wurde fort-geführt. 1924 erreichte die SPD 32,4 %, die KPD 14,7 %. Mit der DDP und der rechtsliberalen Deutschen Volkspartei (DVP) wurde eine Koalition geschlossen, die bis zum Ende der Weimarer Republik bestand.

Sozialdemokraten bestimmten seit 1919 in erheblichem Maß Hamburgs politischen Kurs. Reformen im Schulwesen und Sozialbereich wurden ver-wirklicht, die Stadt erhielt mit öffentlichen Gebäuden und Wohnanlagen – Dulsberg, Jarrestadt, Siedlung Langenhorn – ein neues, vor allem von Fritz Schumacher gestaltetes Gesicht. Im benachbarten Altona schufen die Sozialdemokraten unter Max Brauer ein Modell erfolgreicher Kom-munalpolitik. Hier setzte Gustav Oelsner die städtebaulichen und woh-nungspolitischen Akzente.

Im Mai 1923 fanden in Hamburg der Internationale Sozialistenkongress und der Internationale Sozialistische Jugendkongress statt. Mit der Neu-gründung der Sozialistischen Arbeiter-Internationale, dem Zusammen-schluss der sich zum demokratischen Sozialismus bekennenden Parteien, hat Hamburg seinen festen Platz in der Geschichte der Internationale erhalten. Auch wenn die Hamburger SPD eine überalterte Partei war, so darf doch das große politische Engagement der »Sozialistischen Arbeiterjugend« (SAJ) nicht übersehen werden. Der Hamburger August Albrecht, neuer Jugendsekretär der SPD, hatte die Idee eines Reichsjugendtages entwickelt. Der erste fand 1920 in Weimar statt. Zur Aufbruchstimmung, die allen Teilnehmern unvergessen blieb, trugen die Hamburger mit ihrem Lied »Wann wir schreiten Seit' an Seit'…« wesentlich bei. Der Lehrer Hermann Claudius hatte den Text verfasst, der Arbeitersekretär Michael Englert die Melodie geschrieben. Gerade die jungen Mitglieder waren vom Bewusstsein »Mit uns zieht die neue Zeit!« erfüllt, wollten die Republik ausbauen und den Sozialismus als Lebensgemeinschaft und Gesellschaftsprinzip verwirklichen. 1925 fand der Jugendtag in Hamburg statt. 30.000 Gäste wurden von den Hamburger Genossinnen und Genossen aufgenommen. Motto der Zusammenkunft war »Wir wollen, daß die Arbeit Freude werde!«

Der Weg der Hamburger SPD von der Aufhebung des Sozialistengesetzes bis zu jener Phase der Weimarer Republik, in der sich die neue Staatsform zu etablieren schien, zeigt, dass die Geschichte der SPD nicht nur aus der Reichs-Perspektive geschrieben und gewürdigt werden kann, dass auch die Länder und Gemeinden mit ihren eigenen Entwicklungssträngen und Besonderheiten zum Gesamtbild gehören. Weimar – das war nicht nur Rückzug in die Opposition, Abwarten und Zögern, das war auch – wie in Preußen, so in Hamburg – Regierungsverantwortung und Gestaltungskraft. Andererseits verdeutlicht der Überblick auch, dass die Hamburger SPD in vielem, in Stärken und Schwächen, vom allgemeinen Weg der Partei nicht abwich. Beide, das Allgemeine und das Besondere, geben das Ganze.

Ursula Büttner

Arbeiterpartei oder Volkspartei?
Die Hamburger SPD in der Weimarer Republik.

Die Weimarer Republik stellte die SPD vor große neue Aufgaben. Als Partei, die in der Revolution von 1918/19 eine entscheidende Rolle gespielt hatte, wurde sie in besonderer Weise für den neuen Staat verantwortlich gemacht und fühlte sich auch selbst in hohem Maß für die Ausgestaltung und den Schutz der Demokratie zuständig. Während sie jedoch im Reich nur in wenigen Jahren an der Regierung beteiligt war, hatte sie in Hamburg in der gesamten Zeit der Republik als stärkste Regierungspartei bessere Möglichkeiten, diesen Anspruch zu verwirklichen. Der Rollenwechsel von der permanenten Oppositionspartei unter dem alten Regime zur ständigen Regierungspartei im neuen Hamburger Staat bedeutete für die innere Entwicklung der SPD zugleich, dass sie sich von der Arbeiterpartei, die sich bei ihrer Politik auf die Interessen des Proletariats beschränken konnte, zur Volkspartei wandeln mußte, die den Bedürfnissen aller Bürger und Bürgerinnen Rechnung zu tragen hatte.

Als Oppositionspartei ohne die Chance, je in die Regierung einzutreten, hatte sie im Kaiserreich ihre Weltanschauung »rein«, ohne Abstriche, vertreten können und nicht einmal auf die innere Konsistenz ihres Programms achten müssen. Sie hatte sich als revolutionäre marxistische Arbeiterpartei darstellen und trotzdem reformistischen Kräften Raum für eine pragmatische Politik im Rahmen der bestehenden Ordnung geben können. Während des Weltkrieges hatte sich daraus eine zunehmende Zusammenarbeit zwischen den staatlichen Instanzen und den sozialdemokratischen Organisationen, Partei, Gewerkschaften und Genossenschaften, bei der Versorgung der notleidenden Bevölkerung entwickelt. Der politische Umsturz am 9. November 1918 kam für die Hamburger SPD genauso überraschend wie für die Genossen im Reich. Der Mehrheit war die Revolution auch genauso unerwünscht. Sie fürchtete das »Chaos«, den Zusammenbruch der öffentlichen Verwaltung und Infrastruktur, der in der hoch arbeitsteiligen Gesellschaft besonders für die Bevölkerung der Großstädte katastrophale Folgen haben musste. Ihr erstes Ziel war es deshalb, Einfluss auf die revolutionäre Bewegung zu gewinnen; denn wegen ihrer Kooperation mit den Behörden im Krieg drohte die Führung der politisch aktiven Arbeiterschaft von der SPD auf die Unabhängige Sozialdemokratie und die »Hamburger Linksradikalen« überzugehen.

Im Arbeiterrat, der zusammen mit dem Soldatenrat bis zum März 1919 die Geschicke Hamburgs bestimmte, arbeiteten die drei Fraktionen bei der Bewältigung der dringendsten Alltagsaufgaben – Versorgung der Bevölkerung mit Nahrungsmitteln und Brennstoff, Schutz der öffentlichen Sicherheit, Inganghaltung der Produktion – zunächst recht gut zusammen. Sie arrangierten sich insoweit auch mit dem alten Senat und der Verwaltung. Über ihre grundsätzlichen politischen Ziele konnten sie sich jedoch nicht einigen. Die »Linksradikalen« wollten die Macht der Arbeiterschaft durch den sofortigen Übergang zur Räteherrschaft sichern; die Unabhängigen plädierten für eine längere revolutionäre Zwischenphase, in der die Sozialisierung der Wirtschaft und die Demokratisierung von Militär und Verwaltung vorangetrieben werden sollten, und die SPD setzte sich für eine schnelle Beendigung der Revolution durch den Aufbau einer parlamentarischen Demokratie ein. Da ihre Anhänger »nicht nur Sozialisten, sondern auch Demokraten« seien, so wurde diese Haltung am 14. November 1918 in der Parteizeitung, dem »Hamburger Echo«, begründet, müssten sie den Willen der Volksmehrheit respektieren, und diese sei für die Einberufung verfassunggebender Parlamente. Nachdem die SPD jahrzehntelang für das allgemeine gleiche Wahlrecht gekämpft habe, könne sie sich nun nicht dadurch »blamieren«, dass sie vor der Einführung zurückschrecke. Die SPD hielt an der alten revisionistischen Vorstellung fest, dass die soziale Schichtung des Volkes erlauben würde, im Rahmen der parlamentarischen Demokratie durch Mehrheitsentscheidungen zum Sozialismus zu gelangen. Sie war überzeugt, wie es in dem Artikel weiter hieß, eine Majorität gewinnen zu können, »stark genug, für die Arbeiterklasse alles Notwendige zu erringen und unserer Volkswirtschaft die sozialistische Grundlage zu geben«. Dazu war es freilich nötig, dass die SPD die Mehrheit der Deutschen für sich gewann. Sie musste zum einen den größten Teil der Arbeiter an sich binden und sich trotzdem zur Volkspartei hin öffnen. Zum anderen mußte sie ihre Politik so gestalten, dass sie hier und jetzt für eine Mehrheit attraktiv war. Der Kampf für politische Fernziele und der Einsatz für die Interessen nur einer sozialen Klasse oder Gruppe reichten nicht mehr.

Ich gehe zunächst in der gebotenen Kürze auf die organisationsgeschichtliche Aufgabe ein: die Umbildung zur Volkspartei. Die Erwartung der SPD, bei allgemeinen Wahlen eine Mehrheit für ihre klassischen Ziele zu gewinnen, für das Wohlergehen der »Arbeiterklasse« und »die sozialistische Grundlage« der Wirtschaft, setzte voraus, dass weite Bevölkerungskreise mit der Arbeiterschaft in ihren Interessen übereinstimmten und deren Führungsanspruch akzeptierten. Die Arbeiter bildeten nämlich zwar die größte Bevölkerungsgruppe, aber nicht die Mehrheit. 45 % der Erwerbstätigen gehörten 1925 zur Berufsgruppe der Arbeiter, 16 % waren Angestellte oder Beamte und 21 % Selbstständige. In Hamburg lag der Anteil der Arbeiter noch etwas niedriger bei 43 %, die Angestellten waren mit 28 % stark überrepräsentiert, und die Selbstständigen stellten mit 18 % auch hier fast ein Fünftel der Bevölkerung. Von Nachteil war für die SPD, dass die sogenannten »Arbeiter in charakteristischen Berufen« – das waren hauptsächlich die Facharbeiter und Handwerksgesellen, die traditionell den Kern ihrer Anhängerschaft bildeten – mit einem Anteil von 4 % an der gesamten Arbeiterschaft in Hamburg eine wesentlich geringere Rolle spielten als im Reichsdurchschnitt (5 %). Entsprechend groß war der Anteil der ungelernten Arbeiter, besonders im Hafen, im Transport- und Lagereigewerbe. Sie ließen sich generell schwer organisieren und waren eher für die Parolen extremer linker Gruppen offen. Um eine zuverlässige Mehrheit für ihre Politik zu gewinnen, kam es für die SPD also vor allem darauf an, das Vertrauen dieser Arbeitergruppen zu erwerben und die Angestelltenschaft an sich zu binden.

Wie die Mitgliederstruktur zeigt, gelang ihr die Ausdehnung über ihre traditionelle Anhängerschaft hinaus in der Weimarer Republik nur zu einem geringen Teil. Die SPD blieb im wesentlichen die Partei der qualifizierten Arbeiter mit starker Bindung an die Freien Gewerkschaften. Mehr als 60 % ihrer Hamburger Mitglieder waren genau wie vor dem Krieg Arbeiter. Der Anteil der ungelernten Arbeiter ging dabei von 31 % im Jahr 1914 auf 28 % (1921) und 27 % (1925) zurück. Der Anteil der Angestellten stieg zwar bedeutend von 1,5 % (1914) auf 4,1 % (1919), 9,4 % (1928) und 11,4 % (1931), kam damit der Größe dieser Bevölkerungsgruppe aber nicht einmal nahe. Auch die Beamten blieben, obwohl ihnen die Zugehörigkeit zur SPD nun eher nutzen als schaden konnte, mit weniger als 4 % in der Partei unterrepräsentiert. Obwohl die SPD

Akademiker für die Besetzung von Führungspositionen in Staat und Gesellschaft unbedingt brauchte, sahen sie sich in der Partei oft Misstrauen und Aversionen gegen die »Gebildeten« ausgesetzt. Das traditionelle Gepräge der SPD wurde noch dadurch unterstrichen, dass ihre Mitgliederschaft im Vergleich zur Hamburger Bevölkerung relativ alt war. Auch die Wahlergebnisse wiesen die SPD als Arbeiterpartei aus. Ihre Hochburgen lagen in den Hamburger Stadtteilen mit einem überdurchschnittlich hohen Arbeiteranteil an der Bevölkerung. In Stadtteilen mit einer überdurchschnittlich großen Angestelltenschaft schnitt sie dagegen generell besonders schlecht, oft sogar außerordentlich schlecht ab. So ist festzuhalten, dass es zwar Ansätze für eine Erweiterung der sozialen Basis der SPD gab, dass sie im wesentlichen aber doch eine Arbeiterpartei blieb.

Das galt noch mehr für ihr Selbstverständnis. In ihrer Wahlwerbung und Publizistik, ihren Versammlungen und Rechenschaftsberichten wandte sich die Hamburger SPD in erster Linie an die Arbeiterschaft. Deutlich seltener findet sich die weitere Formulierung: »An die arbeitende Bevölkerung«, und noch seltener werden andere Gruppen speziell angesprochen, dann vor allem die Angestellten und die Hausfrauen. Vorwürfe gegen die Führung gingen immer in die Richtung: die Interessen der Arbeiterschaft zu verletzen, nie: die Demokratie zu schwächen oder der Mehrheit der Bevölkerung zu schaden.

Typisch dafür ist die Auseinandersetzung in einer erregten Delegiertenversammlung auf dem Höhepunkt der innenpolitischen Krise am Ende der Inflationszeit. Die »rein verstandesmäßige Politik der Führer« widerspreche dem »Gefühl der Massen« kritisierte ein Genosse, wie am 23. November 1923 im »Hamburger Echo« berichtet wurde. »Mit der rein formalen Demokratie kommen wir nicht weiter«. Die »Kraft der Arbeiterschaft« sei geschwächt, dennoch müsse die SPD sich auf sich selbst besinnen. »Wenn wir nicht siegen, dann wollen wir wenigstens ehrenvoll unterliegen.« Bei seiner Abwehr der Angriffe stellte der Parteivorsitzende, Max Leuteritz, die SPD ebenfalls als eine dem Klassenkampf verpflichtete Arbeiterpartei dar, die mit Karl Marx und Ernst Haeckel allerdings um die Gesetzmäßigkeit der historischen Entwicklung wusste: »Die Klassenkämpfer, die unzufrieden sind, dass wir in den 4 Jahren nach der Revolution noch nicht zum Ziele gelangt sind, sind eben keine Klassenkämpfer.«

Nach ihrem Selbstverständnis war die SPD in der Weimarer Republik eine marxistische Arbeiterpartei. Sie war es in den Augen derer, die dieses Profil in der Opposition durch stärkere Betonung ihrer revolutionären Ziele deutlich machen wollten; aber sie war es auch für jene, die durch pragmatische Politik in der Regierung den Interessen der Arbeiterschaft am besten zu dienen meinten. Da sich die SPD nicht eindeutig zu der Aufgabe bekannte, unter den veränderten Bedingungen der parlamentarischen Demokratie von der Arbeiterpartei zur Volkspartei zu werden, geriet sie immer dann in Erklärungsnot, wenn die Mehrheitsverhältnisse die Bildung eines reinen »Arbeitersenats« unter Duldung der KPD erlaubt hätten – zu einer förmlichen Regierungsbeteiligung war diese nicht bereit. Eine solche Situation erlebte die SPD nach der Bürgerschaftswahl 1927, als sie zusammen mit der KPD bis zur Wiederholung der Wahl im Februar 1928 für wenige Monate die absolute Mehrheit in der Bürgerschaft besaß. Wie sollte sie ihren Anhängern verständlich machen, dass sie Arbeiterpartei sein und dennoch keinen »Arbeitersenat« bilden wollte?

Werbung für die SPD-Presse in Deutschland.

Damit ist der zweite Fragenkomplex angesprochen: die Rolle der SPD als Regierungspartei. Vor der Frage des »Arbeitersenats« stand die SPD zum ersten Mal bereits in der Revolutionsphase nach der Wahl zur verfassunggebenden Bürgerschaft. Bei dieser Wahl zeigte sich, dass noch immer die große Mehrheit der Hamburger Arbeiterschaft die SPD unterstützte: Sie gewann 50,5 % der Stimmen, während es die USPD auf 8,1 % brachte; die KPD war noch eine unbedeutende politische Kraft und kandidierte nicht. Die SPD selbst besaß also eine knappe absolute Mehrheit in der Bürgerschaft, und da die USPD Tolerierung zusagte, wäre eine Alleinregierung durchaus möglich gewesen. Trotzdem entschied sich die SPD für eine Koalition mit den fortschrittlichen Liberalen, ihren häufigen Partnern in der Vorkriegs- und Kriegszeit, die als Deutsche Demokratische Partei

(DDP) mit 20,5 % der Stimmen das zweitbeste Wahlergebnis erzielt hatten. Sie verzichtete auf die Ausnutzung ihrer Mehrheit und überließ die Hälfte der Senatssitze führenden Politikern der DDP – und sogar einigen Mitgliedern des Vorkriegssenats. Selbst das Amt des Ersten Bürgermeisters, der bei Stimmengleichheit im Senat den Ausschlag gab, erhielt einer von diesen Honoratioren. Der Spitzenpolitiker der SPD, Otto Stolten, begnügte sich mit dem zweiten Platz, da er – wie ein Ohrenzeuge aus den Reihen der hohen Beamten in seinen Erinnerungen berichtete – der Ansicht war, dass an die Spitze des Senats ein Mann gehöre, »der auch den alten Hamburger Familien nahestehe«. Erst 1930 gelangte für zwei Jahre ein Sozialdemokrat, Rudolf Roß, in das Amt des Ersten Bürgermeisters.

Diese sozialdemokratische Selbstbeschränkung hat viel Kritik hervorgerufen, auch in der Forschung. Sie war in erster Linie von der Sorge um die Funktions- und Zahlungsfähigkeit des Hamburger Staates bestimmt, die für einen Großteil der Bevölkerung lebenswichtig war. Die Entscheidung für die Koalition war aber auch systemgerecht und folgerichtig unter den Bedingungen der neuen parlamentarischen Demokratie. Da die SPD noch keine Volkspartei war und angesichts ihrer begrenzten sozialen Basis nicht hoffen konnte, ihre Mehrheit nennenswert auszubauen, war es ein Ausdruck politischer Vernunft, mit der Partei ein Bündnis einzugehen, die das in den eigenen Reihen fehlende fortschrittliche Bürgertum vertrat, nämlich mit der DDP. Es widersprach außerdem dem Demokratieverständnis der SPD, eine zur Mitarbeit bereite Partei in der schwierigen Aufbauphase des neuen Staates von der Mitverantwortung auszuschließen. »Nicht die Unterdrückung anderer Anschauungen, sondern die Achtung vor der Überzeugung Andersdenkender, die Wertung der Tätigkeit aller Volksklassen, kann der Gesamtheit nur zum Glück gereichen«, formulierte der erste sozialdemokratische Bürgerschaftspräsident, Berthold Grosse, am 24. März 1919 sein politisches Credo. Arbeiterschaft und Bürgertum müßten gemeinsam die Geschicke der Hansestadt leiten, darin stimmten führende Politiker der SPD und der DDP überein. Eine gewaltsame Ausschaltung des Bürgertums würde nur »den Weizen der Reaktion üppigst in die Halme schießen lassen«, so hieß es noch Jahre später, am 17. Oktober 1927, zur Begründung der Koalitionspolitik im »Hamburger Echo«.

Die Entscheidung der SPD für die Zusammenarbeit mit dem Bürgertum im März 1919 bildete die Grundlage für die ungewöhnliche politische Stabilität, durch die sich Hamburg in der Weimarer Republik gegenüber dem Reich und den meisten anderen Ländern auszeichnete. Dadurch blieb die Regierungskontinuität gewahrt, als 1921 die absolute Mehrheit der SPD verloren ging und die Zusammenarbeit mit bürgerlichen Parteien nötig wurde: zunächst mit der DDP und seit 1925 auch mit der DVP. Ein Bündnis aus Sozialdemokraten, fortschrittlichen und gemäßigt konservativen bürgerlichen Kräften bestimmte von 1919 bis zum Machtantritt der Nationalsozialisten im März 1933 die Politik in Hamburg. Zu den Schwächen der Weimarer Republik gehörte andernorts, dass die SPD als stärkste Partei dennoch häufig der Regierung fernblieb, weil sie meinte, in der Opposition besser für ihr weltanschauliches Programm und die Interessen der Arbeiter kämpfen zu können. Diese Einstellung genügte den politischen Verhältnissen im Kaiserreich, in der parlamentarischen Demokratie aber widersprach sie deren Grundidee. Insofern hatte sich die Hamburger SPD den neuen politischen Gegebenheiten besser angepasst als die Berliner Genossen. Manche

Bürgermeister Rudolf Roß 1931

Hinweise sprechen dafür, dass dieses bewusst geschah: Z. B. kritisierte die Hamburger Parteiführung scharf die Entscheidung ihrer Reichstagsfraktion im März 1930, die Regierung zu verlassen, weil dadurch das parlamentarische System gefährdet werde.

Aber auch in Hamburg war das Bild nicht eindeutig. Es gelang der SPD nur zum Teil, bei ihren Anhängern Verständnis für die Notwendigkeit der Zusammenarbeit mit dem Bürgertum in einer Koalitionsregierung und die dabei unvermeidlichen Kompromisse zu wecken. Viele wandten sich enttäuscht ab, wie die schweren Wahlverluste zwischen 1920 und 1924 zeigten: Entweder verloren sie überhaupt jedes Interesse an Politik und vergrößerten die Zahl der Nichtwähler, oder sie wanderten zur KPD ab, die weiterhin den revolutionären Umsturz der Gesellschaft propagierte. Die »Arbeiterpartei« SPD sollte »Arbeiterpolitik« betreiben, und es fiel ihr oft schwer nachzuweisen, dass sie dies am besten in der Regierung, und das hieß: in Koalitionen mit bürgerlichen Parteien tun konnte. Die

Plakat zur Bürgerschaftswahl am 9. Oktober 1927.

Spannung zwischen den Anforderungen an die »Arbeiterpartei« und an die »Regierungspartei« blieb eine dauernde Belastung. Es waren die typischen Probleme einer Übergangssituation, in der die neuen politischen Strukturen verändertes Verhalten erzwangen, Selbstverständnis und Maßstäbe aber noch von früheren Erfahrungen bestimmt waren. Das galt auch für die Verantwortlichen an der Spitze der Partei, weshalb sie ihren Kurs nicht immer mit dem nötigen Nachdruck und der erforderlichen Klarheit verteidigen konnten.

Der Zwiespalt ergab sich aus der doppelten Aufgabe der SPD, ihrer Rolle als Regierungspartei im »Volksstaat« gerecht zu werden und in diesem Rahmen möglichst viel für die Arbeiterschaft zu erreichen. Ob und wie sie mit dieser Spannung fertig wurde, soll an einigen Beispielen gezeigt werden. Charakteristisch war ihr Verhalten bei der Regierungsbildung von 1919: Die Entscheidung für die Koalition entsprach den neuen Bedingungen; bei der Auswahl der von ihr beanspruchten Ressorts aber orientierte sich die SPD an der Vorkriegszeit. Sie wählte die Gebiete, denen schon damals ihre besondere Aufmerksamkeit gegolten hatte und für die sie daher über die nötigen Fachleute verfügte: die Schul-, Jugend-, Wohlfahrts- und Gesundheitspolitik. Es waren die Bereiche, die für die »minderbemittelte Bevölkerung« unmittelbar besonders relevant waren. Schlüsselpositionen wie die Leitung der Finanzdeputation und anfangs auch der Polizei überließ die SPD dagegen bürgerlichen Senatoren.

Ähnlich zwieschichtig verlief auch die Arbeit an der neuen Verfassung. Die SPD überließ die Anfertigung des Entwurfs einem leitenden Juristen des alten Senats – so wie die SPD im Reich einen liberalen Staatsrechtler, Hugo Preuß, mit dieser Aufgabe betraut hatte. Bei der Beratung legte sie aber Wert darauf, die Vorherrschaft des Parlaments gegenüber der Regierung so stark zu verankern, dass eine Verselbständigung der Exekutive oder des Präsidenten des Senats unmöglich war. Sie zeigte hier mehr Verständnis für die Funktionsweise der parlamentarischen Demokratie als ihre Kollegen im Reich. Auch die Vorschläge für die demokratische Kontrolle von Militär und Polizei zeichneten sich durch größere Weitsicht aus als die Pläne der verantwortlichen Sozialdemokraten in Berlin, wenn sie auch gegen den Widerstand der Reichsinstanzen nicht durchgesetzt werden konnten.

Auf anderen Gebieten fielen die Bemühungen, die politische Demokratie durch Veränderung der gesellschaftlichen Machtstrukturen abzusichern, dagegen ziemlich zaghaft aus. Bezüglich der Sozialisierung der Wirtschaft, auf die sich die meisten Hoffnungen der sozialdemokratischen Anhänger richteten, waren den Hamburgern durch Reichsrecht enge Grenzen gesetzt, und es war auch sicher nicht sinnvoll, in einem kleinen Wirtschaftsgebiet allein vorzugehen; aber die Hamburger Genossen schreckten selbst vor möglichen Eingriffen, z. B. zur Demokratisie-

Plakat zur Reichstagswahl am 14. September 1930.

rung der Handelskammer, die von Vertretern der DDP gefordert wurden, aus Sorge vor einer Beeinträchtigung des Geschäftslebens zurück. Ebenso waren sie bei Vorschlägen zur Demokratisierung der Verwaltung konservativer als die DDP. Anregungen, Ausbildungs- und Laufbahnvorschriften für den höheren Dienst zu lockern, um Seiteneinsteigern eine Chance zu eröffnen und die gesellschaftliche Homogenität des Beamtenkorps ein wenig zu verändern, fanden bei der SPD keine Unterstützung. Die Hochachtung vor den Experten und wiederum die Angst, die allgemeine Not durch eine Schwächung der Verwaltung zu vermehren, waren zu groß. Bei anderen Entscheidungen betonte die Hamburger SPD ihre Rolle als Interessenvertretung des »einfachen Volkes«. So sorgte sie 1919 dafür, dass die Gründung der Universität durch die Errichtung der Volkshochschule ergänzt wurde. Dieser Fortschritt stand zugleich für einen

SPD-Umzug in der Habichtstraße 1932, am Gebäude die Parole und die Symbole der »Eisernen Front«.

Verzicht: Die SPD fand sich damit ab, dass der Zugang zur Universität – und das bedeutete ja auch zu leitenden Positionen in Staat und Gesellschaft – wie bisher weitgehend ein Privileg bürgerlicher Schichten sein würde.

Zu wesentlichen weiteren Neuerungen kam es in der Inflationsphase nicht mehr. Die Alltagsprobleme beanspruchten zu sehr alle Kräfte, und der Währungsverfall reduzierte den Handlungsspielraum immer stärker. Eine Fortsetzung der Reformpolitik war erst nach der Einführung einer stabilen Reichsmark im November 1923 möglich. Die SPD verfolgte nun konsequent die Linie, durch Erfolge im sozialen Bereich die »minderbemittelte« Bevölkerung, speziell die Arbeiterschaft, für die Partei und die Demokratie zu gewinnen. Die Reformen, die in der kurzen Zeitspanne zwischen 1924 und 1929 auf den verschiedenen Gebieten eingeleitet wurden, um die Lebensqualität der bisher benachteiligten Schichten zu verbessern, können hier nur summarisch behandelt werden. Die SPD konnte dabei immer auf die Unterstützung sozialreformerisch eingestellter Kreise in der Hamburger DDP rechnen. Große Leistungen wurden insbesondere im Wohnungsbau erzielt. Mit Hilfe einer besonderen Steuer stellte der Staat seit 1924 große Summen zur Verfügung, um dem Wohnungsmangel abzuhelfen. 98 % aller Neubauwohnungen, insgesamt etwa 60.000, entstanden mit öffentlicher Unterstützung. Hamburgs bedeutender Stadtbaumeister, Fritz Schumacher, hatte dadurch die Möglichkeit, gewisse Mindestanforderungen an die Qualität durchzusetzen: gute architektonische Gestaltung, Ergänzung der Wohnblocks durch Grün- und Spielanlagen, gute Querlüftung und Lichtdurchflutung der Wohnungen. Allerdings waren die Mieten eher für Lehrer, Angestellte und besonders gut verdienende Facharbeiterfamilien als für die Masse der Arbeiter erschwinglich; aber auch sie gehörten ja nicht zu den wohlhabenden Bevölkerungsschichten. Eine Aufgabe für eine »Volkspartei« SPD lag hier allemal.

Bedeutende Verbesserungen für die breite Bevölkerung gab es auch bei Schule und Ausbildung. 1919 wurde die vierklassige Grundschule für alle Kinder obligatorisch, ferner wurde die Berufsschulpflicht eingeführt. An der Volksschule gab es generell Schulgeld- und Lernmittelfreiheit, an den Oberschulen vielfach gestaffelte Ermäßigungen und Beihilfen für Kinder aus einkommensschwachen Familien. Hamburg errichtete als erstes Land Aufbauschulen: Reformoberschulen, die im Anschluss an die 7. Klasse der Volksschule zum Abitur führten. An den Volksschulen selbst wurden Oberstufen geschaffen, so dass begabte Kinder dort die mittlere Reife erwerben konnten. Die Reformpädagogik, deren Ziel es war, nicht nur Wissen zu vermitteln, sondern die Kreativität, Selbständigkeit und Eigenverantwortlichkeit der Schüler und Schülerinnen zu fördern erhielt in Hamburg engagierte Unterstützung. Dafür mussten Volksschulen um Musik-, Gymnastik- und Festsäle erweitert werden, für Konservative ein Anlass für ständige Klagen über die Verschwendungssucht des Hamburger Staates. Die Klassen wurden bedeutend verkleinert. Vor allem wurde die Ausbildung der Lehrer und Lehrerinnen erheblich verbessert, u. a. 1926 ein dreijähriges Universitätsstudium für Volksschullehrer eingeführt.

SPD-Bezirksbüro in der Großen Theaterstraße mit den Fahnen der »Eisernen Front«, Juli 1932.

Wenn wir weiter an den Wandel der »Armenfürsorge« zur »Wohlfahrtspflege«, die fortschrittliche Jugendpolitik, die Vorreiterrolle Hamburgs bei der Schaffung eines modernen Strafvollzugs, gerade auch für jugendliche Straftäter, den Aufbau von Verwaltungs- und Arbeitsgerichten, die Begründung einer Arbeitslosenversicherung durch Reichsgesetz 1927 und die Errichtung einer modernen, rational gegliederten, effektiven Verwaltung denken, dann können sich die Reformleistungen der Weimarer Republik besonders in Hamburg sehr wohl sehen lassen. Es gab in dem relativ ruhigen Jahrfünft zwischen der Inflationszeit und der Weltwirtschaftskrise Anzeichen dafür, dass die Menschen, denen diese Anstrengungen in erster Linie zugute kamen, sie anerkannten und bei den Wahlen honorierten. Die Zeit reichte jedoch nicht, dass sich dieser Trend stabilisieren konnte.

In der Weltwirtschaftskrise zwang die allgemeine Finanznot dazu, viele Reformbemühungen einzustellen oder sogar rückgängig zu machen. Immer mehr Menschen gerieten in tiefes Elend. Schließlich waren in Hamburg, wie die Betriebszählung im Juni 1933 ergab, 38 % aller Arbeitnehmer und sogar 46 % der Arbeiter erwerbslos. Von den ständig weiter reduzierten Unterstützungen konnten sie und ihre Familien kaum noch leben. Da überzeugten die »sozialen Errungenschaften« der Weimarer Republik nicht mehr. Alle Regierungsparteien mussten sich fragen lassen, was sie gegen die aktuelle Misere täten. In Ländern und Kommunen fehlte ihnen aber der Handlungsspielraum, um wirklich gegen die Krise vorzugehen, statt nur die schlimmsten Auswirkungen zu mildern. Vielen Anhängern der SPD erschien der Einsatz für den Volksstaat zunehmend als sinnlos. »Was nützt uns die schönste Demokratie, wenn wir nichts zu fressen haben?«, dieser Satz brachte die weitverbreitete Stimmung auf den Punkt. Die Beteiligung der SPD an Koalitionen und Regierungen hatte der Arbeiterschaft nichts eingetragen, so meinten immer mehr verzweifelte Genossen. Richtiger war wohl doch der Weg der KPD, in grundsätzlicher Opposition gegen das bestehende System für die Interessen des Proletariats zu kämpfen. Das ungelöste Dilemma der SPD zwischen den Anforderungen an sie als Regierungspartei und als Arbeiterpartei war wieder akut. Die Mitarbeit in der Regierung wurde zur »Politik des kleineren Übels«, zu der es keine Alternative gab. Die einzige Rechtfertigung war die Bedrohung durch die NSDAP, bei deren Sieg die SPD weder als Regierungspartei noch als Arbeiterpartei eine Zukunft hatte.

Über die Gefährlichkeit der NSDAP war sich die Hamburger SPD seit 1930 nie im Zweifel. Ihr Vorsitzender, Karl Meitmann, warnte kurz nach

Plakat zur Bürgerschaftswahl am 9. Oktober 1927.

dem spektakulären Erfolg der Nationalsozialisten bei der Septemberwahl vor der Idee
vieler bürgerlicher Politiker, sie durch eine
Beteiligung an der Regierung zu entzaubern:
Hitler gehe es nicht um einzelne politische
Ziele; er wolle die »Macht, die ganze Macht«,
die er notfalls »durch Ströme von Blut« absi-
chern werde. Die SPD und besonders der sozialdemokratische Polizeisenator, Adolph
Schönfelder, waren entschlossen, die Machtmittel des Staates »rücksichtslos« gegen die
Extremisten einzusetzen; denn, so formulierte
es Schönfelder, im Entscheidungskampf müssten »die unterliegen, die sich der Macht nicht
bedienen«. Mit allen ihm zu Gebote stehenden Mitteln suchte der Senat daher den
Aktionsradius der beiden extremen Parteien,
KPD und NSDAP, einzuengen. Verbote richteten sich gegen verhetzende Flugblätter und
Zeitungsnummern, Demonstrationen, Um-
züge, das Tragen von Parteiuniformen, politi-

*Plakat zur Reichstagswahl am
6. November 1932.*

sche Agitation an den Schulen, die Betätigung von Staatsbediensteten
für die radikalen Parteien. Die republikanische Schutzorganisation
»Reichsbanner Schwarz-Rot-Gold«, die inzwischen fast ausschließlich von
der SPD getragen wurde, mobilisierte ihre Mitglieder inmitten des trüben
Alltags immer wieder zu Aufmärschen und Massenkundgebungen für die
Demokratie. Seit Dezember 1931 trat die »Eiserne Front« der sozialdemokratischen Massenorganisationen den Nationalsozialisten mit einer
permanenten, modernen Propagandaoffensive im Zeichen der drei Pfeile
entgegen. Doch alle Bemühungen waren vergeblich. Die Entscheidungen
über das Schicksal der Weimarer Republik fielen im Reich. Dort war die
SPD längst auf die Rolle der ohnmächtigen Oppositionspartei in einem
autoritären Regime zurückgeworfen. Ihre Feinde zerstörten zuerst die
Demokratie und dann die Arbeiterbewegung.

Holger Martens

Widerstand und Verfolgung 1933–1945

»Machtergreifung« in Hamburg

Als am 30. Januar 1933 Hitler zum Reichskanzler ernannt wurde, regierte im Hamburger Rathaus noch ein demokratischer Senat. Obwohl die Koalition aus SPD, Deutscher Staatspartei (DStP) und Deutscher Volkspartei (DVP) seit der Bürgerschaftswahl vom September 1931 keine Mehrheit mehr in der Bürgerschaft hatte, blieb der »ewige Senat« im Amt, weil kein anderes mehrheitsfähiges Bündnis zustande kam. Allerdings machte sich die Machtübernahme in Berlin schon bald bemerkbar. Den Unterdrückungsmaßnahmen des NS-Regimes gegen die Kommunisten leistete Polizeisenator Adolph Schönfelder Folge, um der Reichsregierung keinen Anlass zum Einschreiten zu geben. Als vom Hamburger Senat das Verbot des SPD-Parteiorgans »Hamburger Echo« verlangt wurde, das kritisch die offiziellen Verlautbarungen zum Reichstagsbrand hinterfragt hatte, traten die SPD-Senatoren am 3. März 1933 zurück. Den Sozialdemokraten war klar, dass mit dem Verbot der eigenen Zeitung nicht nur die Pressefreiheit weiter eingeschränkt, sondern ihnen auch die letzte Möglichkeit genommen werden würde, die öffentliche Meinung zu beeinflussen.

Die Schutzformationen (Schufos) des Reichsbanners kamen zur Rettung der Demokratie nicht zum Einsatz, hier die Schufo 11 mit Otto Grot (rechts stehend).

Noch am Abend der Reichstagswahl, am 5. März 1933, setzte die Reichsregierung die Ernennung des NS-Standartenführers Alfred Richter zum Polizeisenator durch. Vom Balkon des Rathauses wehte zum ersten Mal die Hakenkreuzfahne. Mit der Wahl eines von Nationalsozialisten geführten

Senats am 8. März 1933 begann auch in Hamburg der staatliche Terror. Systematisch schränkten die neuen Machthaber die Bewegungsfreiheit und das öffentliche Auftreten der SPD ein. Das Anfang März 1933 gegen die Parteizeitung »Hamburger Echo« ausgesprochene Verbot wurde nicht wieder aufgehoben. Mitte März untersagten die Nationalsozialisten das Heraushängen von Fahnen der SPD. Im April wurde den Sozialdemokraten verboten, Plakate zu kleben und öffentliche Gebäude wie Schulen und Turnhallen zu nutzen. Schließlich wurden der SPD Ende April politische Versammlungen und Demonstrationen gänzlich untersagt. Ab Mitte Mai war es verboten, Abzeichen der SPD öffentlich zu tragen.

Am 24. März 1933, dem Tag nach der Abstimmung über das Ermächtigungsgesetz, wurden mit dem Reichstagsabgeordneten Gustav Dahrendorf, der wie alle anderen SPD-Abgeordneten gegen das Gesetz gestimmt hatte, und dem Landesvorsitzenden Karl Meitmann zum ersten Mal prominente Hamburger SPD-Funktionäre vorübergehend verhaftet. Führende Vertreter der Hamburger SPD wurden wie in anderen Teilen Deutschlands mit erfundenen Korruptionsvorwürfen überschüttet. Auch in Hamburg forderte der NS-Terror erste Todesopfer. Der Reichstagsabgeordnete Adolf Biedermann stürzte unter ungeklärten Umständen in der Nacht vom 10. auf den 11. Mai 1933 bei Recklinghausen aus dem fahrenden Zug. Die Ehefrau von SPD-Senator Paul Neumann, der nach seinem Rücktritt Anfang März 1933 vorübergehend untertauchte, um einer möglichen Verhaftung zu entgehen, nahm sich aus Furcht vor der Gestapo das Leben.

Nach dem Verbot der Parteizeitung informierte die Landesorganisation die Mitglieder und die interessierte Öffentlichkeit durch »Merkblätter der Sozialdemokratischen Partei«, die Beiträge zu den wichtigsten politischen Ereignissen in Hamburg und Deutschland enthielten. Bis Mitte April 1933 erschienen sieben Ausgaben, dann wurde das Informationsblatt vermutlich von den Nationalsozialisten verboten. Anschließend gab die Landesorganisation noch mindestens drei Rundschreiben heraus. Das letzte erschien am 5. Mai 1933.

Nachdem die Nationalsozialisten schon am 2. Mai 1933 reichsweit die Gewerkschaftshäuser besetzt hatten, erfolgte am 10. Mai die Beschlagnahme des Parteivermögens. Damit war der Hamburger Parteiführung die Möglichkeit genommen, weitere Mitteilungen zu drucken. Die Landesorganisation hatte sich auf die Übergriffe vorbereitet. So hatte Karl Meitmann in seiner Waschküche am Maienweg 281 zahlreiche Dokumente verbrannt, darunter einmalige Originale aus der Parteigeschichte von unersetzlichem Wert.

Unmittelbar bevor sich Otto Wels ins Ausland absetzte, hielt sich der SPD-Parteivorsitzende in Hamburg auf und unterstützte diejenigen, die sich auf die Arbeit in der Illegalität vorbereiten wollten. Vermutlich stand die Geheimsitzung des Hamburger Parteivorstands im Wintermoor in der Lüneburger Heide Anfang Mai 1933 im Zusammenhang mit dem Besuch von Wels. Die Teilnehmer beschlossen, einen Vertrauensmann mit Bargeld der Hamburger SPD ins Ausland zu senden.

Der hauptamtliche Kassierer Claus Umland floh nach eigenen Angaben aus Furcht vor einer Verhaftung vom 8. Mai vorübergehend nach Landskron im Sudetenland. Am 25. Juni 1933 kehrte er nach Hamburg zurück. Vermutlich war es Umland, der den Beschluss der Hamburger Parteiführung umsetzte.

Auch in Hamburg kam es innerhalb der SPD zu Richtungsstreitigkeiten. Besonders schmerzlich war für die Sozialdemokraten der Anpassungskurs der Hamburger Leitung des Allgemeinen Deutschen Gewerkschaftsbundes (ADGB), die der Linie der Gewerkschaftsführung in Berlin folgte. In der zweiten Aprilhälfte führten Gewerkschaftsvertreter um den ADGB-Landesvorsitzenden und SPD-Bürgerschaftsabgeordneten John Ehrenteit Gespräche mit den Nationalsozialisten. Vermutlich auch mit Rücksicht auf den Gewerkschaftsflügel setzte die SPD-Bürgerschaftsfraktion noch im Mai 1933 auf eine legale Fortsetzung der Arbeit. So brachte der Fraktionsvorsitzende Hans Podeyn im Ältestenrat die »Bereitwilligkeit zu positiver, sachlicher Mitarbeit zum Wohle Hamburgs« zum Ausdruck. Ende Mai traten schließlich mit John Ehrenteit, Hugo Schotte, Wilhelm Petersen und Georg Amlung vier Gewerkschaftsvertreter aus der Fraktion aus. Ihnen folgte am 8. Juni Alfred Ehlers. Da die Gewerkschafter keine Fraktionsstärke erreichten, gingen sie ein Hospitantenverhältnis mit der NSDAP ein.

Von der »Echo«-Versammlung zur illegalen Organisation

Obwohl der SPD praktisch jede Form der politischen Betätigung untersagt war, bestanden Organisationsstrukturen fort, das zeigte sich Mitte Juni 1933, als noch einmal führende Vertreter der Hamburger SPD zusammenkamen. Anlass war das Interesse des Gauleiters Karl Kaufmann am »Hamburger Echo«. Nach Einschätzung des Reichstagsabgeordneten und »Echo«-Redakteurs Gustav Dahrendorf glaubten die neuen Machthaber durch die Übernahme der Parteizeitung, die Hamburger Arbeiter besser erreichen zu können.

Rechtsanwalt **Dr. Herbert Ruscheweyh** *(SPD) verteidigte zahlreiche SPD-Mitglieder und setzte sich als letzter demokratischer Bürgerschaftspräsident für verfolgte Abgeordnete von SPD und KPD ein.*

Gustav Dahrendorf erklärte rückblickend, dass er dem Kaufmann-Plan von vornherein ablehnend gegenübergestanden habe. Doch sah er die Möglichkeit, angesichts des Versammlungsverbots die führenden Hamburger Sozialdemokraten zusammenzurufen, um die aktuelle politische Entwicklung zu diskutieren.

Nachdem die Nationalsozialisten eine Genehmigung erteilt hatten, wurde für den 15. Juni 1933 eine Sitzung einberufen, bei der es sich nach dem Teilnehmerkreis um eine Parteivorstands- und -ausschusssitzung handelte. Da die Zusammenkunft im Redaktionsgebäude des »Hamburger Echos« stattfand, wurde sie später auch schlicht »Echo«-Versammlung genannt. Die Beratungen dauerten bis Mitternacht, so dass beschlossen wurde, die Veranstaltung am nächsten Tag fortzusetzen. Bei den 32 Teilnehmern handelte es sich um die Führungsspitze der Hamburger SPD. Neben dem Landesvorsitzenden Karl Meitmann sowie den beiden Reichstagsabgeordneten Hans Staudinger und Gustav Dahrendorf waren der frühere Polizeisenator Adolph Schönfelder, Ex-Senator Heinrich Eisenbarth und der SPD-Fraktionsvorsitzende Hans Podeyn anwesend. Neun der 13 Landesvorstandsmitglieder nahmen teil und von den zu den Parteiausschussmitgliedern zählenden 36 Distriktsvorsitzenden waren mindestens neun gekommen, die vor allem größere Distrikte repräsentierten. Weitere Distrikte hatten Vertreter entsandt, so dass insgesamt etwa 50 Prozent der SPD-Mitglieder durch Distriktsfunktionäre vertreten waren. Unter den Anwesenden befanden sich 13 Bürgerschaftsabgeordnete, von denen elf in ihrer

Eigenschaft als Landesvorstandsmitglied oder als Distriktsvorsitzender teilnahmen.

Für die Diskussion hatte der Landesvorsitzende Karl Meitmann eine vierseitige »Situations-Analyse« über die politischen Verhältnisse in Deutschland verteilt. Nähere Angaben über den Inhalt des Papiers liegen nicht vor. Doch scheint es nicht auf der Linie der Parteivorstandsmitglieder um Paul Löbe gelegen zu haben, die in Berlin immer noch an einer Legalitätspolitik festhielten. In der Debatte ging es offensichtlich um das Für und Wider zur Haltung und zum Vorgehen des Prager Exilvorstands.

Die Nationalsozialisten nutzten die Gelegenheit und inhaftierten gegen 22.30 Uhr die Versammlungsteilnehmer. Die Verhafteten mussten schwere Misshandlungen über sich ergehen lassen, die mit Duldung und in Anwesenheit von führenden Vertretern der Hamburger NS-Führung, darunter Gauleiter Kaufmann, stattfanden. Obwohl sich der Vorwurf des Landes- und Hochverrats nicht erhärten ließ, alle Verhafteten entlassen und das Verfahren später eingestellt wurde, nutzten die Nationalsozialisten die Ereignisse dazu, um das Verbot der SPD am 22. Juni 1933 zu rechtfertigen.

Vor allem die prominenten Sozialdemokraten mussten weitere Verfolgungen fürchten und galten als besonders gefährdet. Hans Staudinger begab sich in die Emigration nach Amerika. Karl Meitmann, Gustav Dahrendorf und Hans Podeyn verließen Hamburg und kehrten erst nach 1945 zurück. Andere lebten zurückgezogen in Hamburg.

Trotz des brutalen Vorgehens der Nationalsozialisten beteiligte sich die große Mehrheit der Versammlungsteilnehmer am aktiven Widerstand. Die Initiative für den Aufbau der illegalen Hamburger SPD ergriff der Bürgerschaftsabgeordnete und Eilbeker Distriktsvorsitzende Walter Schmedemann. Er hatte die Versammlung frühzeitig verlassen und war dadurch zunächst einer Verhaftung entgangen. Diese Zeit nutzte er, um erste Maßnahmen für die Arbeit im Untergrund einzuleiten. Nach einer kurzfristigen Inhaftierung baute er eine sechsköpfige Leitungsgruppe auf, der auch sein Bruder Willi Schmedemann angehörte. Otto Schumann, der auch an der »Echo«-Versammlung teilgenommen hatte, zählte ebenfalls zum engeren Führungskreis. Im Prozess gegen Schmede-

Walter Schmedemann, *Leiter der illegalen Hamburger SPD.*

Fotos vom Grab des Reichstagsabgeordneten Adolf Biedermann dienten als Quittung bei der illegalen Beitragskassierung.

mann und Genossen »wegen Verbrechens gegen Paragraph 2 des Gesetzes vom 14. Juli 1933 gegen die Neubildung der Parteien« wurden Walter Schmedemann am 18. Juni 1935 zu 30 Monaten Zuchthaus und Otto Schumann zu 21 Monaten Gefängnis verurteilt. Schmedemann hatte ein illegales Organisationsnetz aufgebaut, das sich nicht nur über Hamburg erstreckte, sondern auch die Nachbarstädte, insbesondere Altona und Wandsbek, einschloss. Über das Grenzsekretariat in Kopenhagen gab es Verbindungen zum Prager Exilvorstand.

Zu den Widerstandsaktivisten gehörten auch frühere Distriktsvorsitzende die an der »Echo«-Versammlung teilgenommen hatten. Nach mehreren Verhaftungswellen wurden schließlich Anfang 1937 die letzten aus dem Reichsbanner hervorgegangenen sozialdemokratischen Widerstandsgruppen aufgedeckt. Die NS-Justiz verhängte inzwischen deutlich härtere Strafen. So wurde Wilhelm Häussler als einer der Hauptangeklagten 1938 zu sechs Jahren Zuchthaus verurteilt.

Arbeit im Widerstand

Die Hamburger Sozialdemokraten waren nicht auf die illegale Arbeit vorbereitet. Vor allem fehlte eine Führungsstruktur und Erfahrung in der konspirativen Arbeit. Bei den von Walter Schmedemann angeführten Sozialdemokraten handelte es sich zwar um die größte und aktivste Widerstandsgruppe, die sich an der Organisationsstruktur der Partei orientierte, von zahlreichen früheren Funktionsträgern unterstützt wurde und damit zu Recht als die illegale SPD bezeichnet werden kann, doch parallel dazu bildeten sich aus alten Gruppenzusammenhängen weitere sozialdemokratische Widerstandszellen heraus, die zum Teil selbstständig arbeiteten oder erst allmählich zur illegalen SPD Kontakt fanden. Ehemalige Mitglieder des sozialdemokratischen Vereins- und Organisationswesens wie die SAJler (Sozialistische Arbeiterjugend), die Jungsozialisten, die Reichsbannerleute und die Arbeitersportler trafen sich auch nach dem Verbot der SPD zu gemeinsamen Aktivitäten. In unterschiedlicher Intensität wurde dabei auch die politische Situation diskutiert.

Aus diesen Gruppen heraus entwickelten Gleichgesinnte Widerstandsaktivitäten. Die Motivation war in vielen Fällen ähnlich. Im Vordergrund stand vor allem der Versuch, die Mitmenschen über den wahren Charakter der NS-Herrschaft aufzuklären. Dabei sahen sich alle Gruppen ähnlichen Problemen gegenübergestellt. Um Flugblätter und andere Schriften herzustellen, wurden Papier, Schreibmaschinen und Vervielfältigungsapparate benötigt. Da die finanziellen Möglichkeiten zumeist begrenzt waren, wurden illegale Schriften verkauft und Beiträge kassiert. Und schließlich mussten Informationen beschafft werden, die den wahren Charakter der Diktatur entblößen sollten. Anfangs konnten dazu noch ausländische Zeitungen genutzt werden, übersetzte Berichte wurden für Flugblätter verwendet. Die illegale Hamburger SPD-Führung richtete einen eigenen Nachrichtendienst ein, der sys-

Karikatur in den Roten Blättern anlässlich der Volksabstimmung über die Zusammenlegung des Reichspräsidentenamtes mit dem des Reichskanzlers am 19. August 1934.

tematisch Informationen aus ganz Hamburg sammelte. Dieses Informationssystem lieferte auch die Nachrichten für die »Roten Blätter«, das illegale Organ der Hamburger SPD, das wöchentlich mit einer Auflage von mehreren 1.000 Exemplaren in Eilbek hergestellt und auch über Hamburg hinaus verbreitet wurde. Gleichzeitig wurden die gesammelten Informationen über Kuriere dem Prager SPD-Exilvorstand zur Verfügung gestellt. Die dort eingegangenen Nachrichten wurden in den »Deutschland-Berichten« veröffentlicht und wieder ins Land geschmuggelt. Über geheime Vertriebswege wurden illegale Schriften des Exilvorstands aus Dänemark und der Tschechoslowakei nach Hamburg geschafft und verteilt. Dazu gehörten der »Neue Vorwärts« und die »Sozialistische Aktion«, Tarnschriften mit Titeln wie »Platons Gastmahl« oder »Die Kunst des Selbstrasierens« und Flugschriften wie »Laßt Tatsachen sprechen«.

Die Herstellung eigener Schriften war besonders gefährlich. Einerseits war ein größerer Personenkreis beteiligt und wiederkehrende Aktivitäten konnten das Misstrauen von Nachbarn und NSDAP-Mitgliedern wekken, anderseits forderten örtlich festgestellte Widerstandstätigkeiten die Gestapo besonders heraus. Weil die Aktionen zumeist in einem größeren Kreis vorbereitet wurden und sich die Beteiligten kannten, hatte die Gestapo ein leichtes Spiel, wenn es ihr gelang, ein Mitglied der Widerstandsgruppe zu überführen.

Clara Genter (später Ehefrau von Erich Klabunde) vertrat als Rechtsanwältin politisch Verfolgte.

Der Eimsbüttler SAJ-Widerstand um Julius Willemsen und Friedrich Börth verfasste zum 16. Jahrestag der Novemberrevolution 1934 den Aufruf »Vorwärts und nicht vergessen«, der als Flugblatt verteilt wurde. Die SAJler beteiligten sich an der Verbreitung der »Roten Blätter«, übernahmen Kurierdienste, sammelten Geld, führten Diskussionen und organisierten gemeinsame Freizeitaktivitäten. Im Januar 1935 wurde die Tätigkeit aufgedeckt. Es kam zu zahlreichen Verhaftungen. Besonders hart traf es den 20-jährigen Friedrich Börth. Er wurde wegen Vorbereitung zum Hochverrat zu drei Jahren Zuchthaus verurteilt. Börth kam wie viele andere politische Gefangene nach der Verbüßung der Haftstrafe nicht frei, sondern wurde auf Anordnung der Gestapo in das KZ Sachsenhausen überführt. Hier saß er weitere sieben Jahre bis zur Befreiung Ende April 1945 ein.

Obwohl der politische Widerstand in erster Linie von Männern organisiert wurde, gab es eine Reihe von Frauen, die sich an der Herstellung und Verteilung von Flugblättern beteiligten, Parteibeiträge kassierten, Kurierdienste übernahmen, Kontakte herstellten und Räume für Besprechungen zur Verfügung stellten. In vielen Fällen wurden die Ehefrauen von Widerstandsaktivisten ebenfalls verhaftet, zumeist aber schon auch wenigen Tagen wieder entlassen. Oft übernahmen die Männer die Verantwortung, um die Frauen zu schützen. Frauen und Kinder von inhaftierten oder emigrierten Sozialdemokraten wurden oft über Jahre verfolgt. Sie waren den Drangsalierungen durch Behördenmitarbeiter,

Lehrer und Nachbarn ausgesetzt. Die meisten Frauen, die auf sich allein gestellt waren, erhielten von der Wohlfahrt nur eingeschränkte Unterstützung und mussten ihren Lebensunterhalt durch Gelegenheits-, Aushilfs- oder Putzarbeiten bestreiten. Katharina Corleis aus Billstedt hatte sich an der Sammlung von Geld für die illegale SPD beteiligt. Sie wurde 1935 verhaftet und im KZ Fuhlsbüttel in den Tod getrieben.

Die Sozialistische Arbeiterpartei (SAP), die sich von der SPD abgespalten hatte, und der elitäre nur einige hundert Mitglieder zählende Internationale Sozialistische Kampfbund (ISK) hatten ihre Widerstandsarbeit dagegen sehr viel effektiver gestaltet. Die SAP nutzte internationale Kontakte zur Beschaffung von Druckschriften und Geld. Der Hamburger Vorsitzende der SAP-Jugendorganisation, Franz Bobzien, organisierte Widerstandszellen nach dem Fünfer-System und unterhielt Kontakte zur illegalen Parteileitung in Berlin und ins Ausland. Doch auch hier gelang es der Gestapo die Hintermänner zu enttarnen, nachdem SAP-Aktivisten im August 1934 bei der Verteilung von Flugblättern auf frischer Tat verhaftet wurden.

Die Aktivitäten der etwa 30 Hamburger ISK-Mitglieder blieben dagegen bis 1936 unentdeckt, als die Gestapo der Gruppe durch Zufall aus die Spur kam. Der ISK verbreitete die in Paris hergestellten „Reinhart-Briefe" und betrieb zur Tarnung der illegalen Arbeit in mehreren deutschen Städten vegetarische Gaststätten. In Hamburg befand sich das ISK-Restaurant an der Börsenbrücke 4. Es diente als unauffällige Anlaufstelle und wurde für konspirative Treffen genutzt. Die Mitarbeiter erhielten nur ein Taschengeld. Die Einnahmen wurden zur Finanzierung der Widerstandsarbeit verwendet. Die führenden Widerstandsaktivisten wurden nicht in Hamburg rekrutiert, sondern von außerhalb an die Elbe entsandt. Dadurch, dass sie in oppositionellen Kreisen nicht bekannt waren, gerieten sie nicht ins Blickfeld der Gestapo. Trotz der frühen Verhaftungen gelang der Gestapo erst 1938 die Aufdeckung des gesamten Netzwerks.

Passiver Widerstand
Der organisierte sozialdemokratische Widerstand war in Hamburg 1937/38 endgültig zerschlagen. Drakonische Strafen und unmenschliche Behandlungen verfehlten ihre Wirkung nicht. Die Aktionen der Widerstandskämpfer konnten das NS-Regime nicht erschüttern. Im

Gegenteil, außenpolitischer und wirtschaftlicher Erfolg stabilisierten die NS-Herrschaft. Die Mehrheit hatte sich längst mit den neuen Machthabern arrangiert.

Ein Großteil der Sozialdemokraten widerstand dennoch der Anpassung und nahm lieber Nachteile in Kauf, als etwa durch den Eintritt in eine der zahlreichen NS-Organisationen zumindest einen Gesinnungswandel nach außen zu demonstrieren. Schon durch das Fernhalten der Kinder von der Hitler-Jugend sahen sich die Familien Repressalien ausgesetzt. Der alltägliche Widerstand gegen Anpassung und Gleichschaltung über das unbedingt notwendige Maß hinaus, kann zusammenfassend als »Resistenz« bezeichnet werden. Der aufmerksame Beobachter konnte schnell feststellen, wer Distanz zu den Nationalsozialisten wahrte und bei allgemeiner Beflaggung keine oder nur die kleinste Hakenkreuzfahne hißte oder den vorgeschriebenen Gruß »Heil Hitler« nicht oder nur undeutlich nuschelnd entbot.

Die Solidarität kannte viele Formen und reichte bis zu Lebensmittelspenden für verfolgte Familien und Wäschetransporten ins Gefängnis. Die Solidargemeinschaft blieb erhalten, wenn sich der Gedankenaustausch auch auf kleinste Freundeskreise beschränkte. So zeigte das sozialdemokratische Milieu in den von den Luftangriffen verschont gebliebenen Stadtteilen Hamburgs eine erstaunliche Kontinuität.

Die Nationalsozialisten begegneten Resistenz und passivem Widerstand bereits frühzeitig mit der »Verordnung zur Abwehr heimtückischer Angriffe gegen die Regierung ...« vom 21. März 1933 und dem entsprechenden Gesetz vom 20. Dezember 1934. Mit Beginn des Zweiten Weltkrieges wurde die »Heimtücke« dann, wenn es einen militärischen Bezug gab, als »Zersetzung der Wehrmacht« definiert und erheblich härter bestraft, bis hin zur Todesstrafe.

Mit dem Rundfunk und den entsprechenden Empfangsgeräten konnten auch ausländische Sendungen empfangen werden. Bei Kriegsbeginn wurde das Abhören ausländischer Sender und insbesondere die Weitergabe des Gehörten verboten und mit schweren Strafen bedroht. Dennoch nutzten zahlreiche Regimegegner mit der Ausstrahlung deutschsprachigen Nachrichtensendungen über Radio London und Radio Moskau die Möglichkeit, sich zu informieren.

Hamburg und der 20. Juli 1944

Unter dem Verfolgungsdruck konzentrierte sich der aktive Widerstand auf Maßnahmen, die weniger spektakulär waren und nicht gleich dutzende von Menschen in Gefahr brachten. Wichtig war nach wie vor die Beschaffung und Weitergabe von Informationen. Verbreitet wurden jetzt fast nur noch illegale Schriften, deren Druck im Ausland erfolgte. In Hamburg gehörten das ehemalige Landesvorstandsmitglied Wilhem Bock und der frühere Vorsitzende des Distrikts Eppendorf-Winterhude, Robert Finnern, die beide an der »Echo«-Versammlung teilgenommen hatten, zu einem Kreis von Sozialdemokraten, die illegale Schriften aus Dänemark bezogen und für die Verbreitung in Hamburg sorgten. Wilhelm Bock war wiederholt selbst in Kopenhagen gewesen, um Material abzuholen. Gezielt versuchte die Gestapo, V-Männer in die Vertriebsorganisation einzuschleusen. Am 3. März 1938 war für 19.30 Uhr die Übergabe einer illegalen Sendung aus Dänemark durch den Kieler Sozialdemokraten Oskar Nielsen an Finnern verabredet. Die Übergabe des Koffers, der mehrere tausend Exemplare der Flugschrift »Laßt Tatsachen sprechen« enthielt, wurde überwacht, die beiden Männer verhaftet. Wilhelm Bock, seine Ehefrau Wiebke und sein 20-jähriger Sohn Wilhelm kamen ebenso in Haft wie Finnerns Ehefrau Hilde. Der ebenfalls involvierte Walter Siering, der auch über Verbindungen nach Berlin verfügte, konnte nach Dänemark fliehen. Der Gestapo gelang es allerdings nicht, weitere Beteiligte zu ermitteln. Oskar Nielsen verstarb nach zwei Tagen Polizeihaft. Vermutlich erlag er den Foltermethoden der Gestapo, die versuchte, Informationen aus ihm herauszupressen. Bock und Finnern wurden zu 15 Monaten Gefängnis verurteilt. Beide kamen aber nicht wieder frei, sondern wurden ins KZ Sachsenhausen verschleppt. Robert Finnern starb hier am 22. April 1940, Wilhelm Bock am 21. August 1940.

Wilhelm Bock hatte auch mit dem früheren Harburger Polizeipräsidenten Erich Wentker in Verbindung gestanden. Der Sozialdemokrat Wentker schloss sich 1937 der liberalen, reichsweit operierenden Widerstandsgruppe Robinsohn-Strassmann an. Bei Hans Robinsohn und Ernst Strassmann handelte es sich um ehemalige Hamburger Mitglieder der Deutschen Demokratischen Partei, die 1924 zu den Gründungsmitgliedern des Clubs vom 3. Oktober gehört hatten. Diese parteiübergreifende Vereinigung, die sich für die Demokratisierung der Weimarer Republik einsetzte, hatten auch Theodor Haubach, der von 1924 bis 1929 als Echo-Redakteur in Hamburg gearbeitet hatte und Mitglied der Bürgerschaft gewesen war, sowie Gustav Dahrendorf mitgegründet.

In Berlin hatte der frühere hessische Innenminister Wilhelm Leuschner 1937 die reichsweit operierende illegale Gewerkschaftsführung übernommen. Nach der Entlassung von Julius Leber und Carlo Mierendorff aus der KZ-Haft trat Leuschner mit den beiden ehemaligen SPD-Reichstagsabgeordneten 1938 in Kontakt. Auch Theodor Haubach gehörte zu den führenden Sozialdemokraten, die zu verschiedenen Widerstandsgruppen Kontakte knüpften und Verbindungen zu Parteifreunden unterhielten. Mierendorff und Haubach beteiligten sich an den Beratungen des Kreisauer Kreises. Mit der Robinsohn-Strassmann-Gruppe standen Leber und Haubach in Kontakt.

Die illegale Gewerkschaftsführung bemühte sich um den Aufbau eines Netzes von Vertrauensmännern, das sich über ganz Deutschland erstreckte. Der letzte Jugendsekretär des ADGB, Walter Maschke, arbeitete in Berlin mit Leuschner zusammen und unterhielt Verbindungen nach Hamburg. In der Hansestadt fungierte der ehemalige SPD-Bürgerschaftsabgeordnete und Gewerkschaftssekretär August Hein als Vertrauensmann.

Gustav Dahrendorf, der 1933 von Hamburg nach Berlin verzogen war, hatte 1937 unmittelbar nach der Entlassung aus dem KZ Kontakt zu seinen früheren Fraktionskollegen Julius Leber aufgenommen. Dahrendorf verschaffte Leber eine Beschäftigung in einer Kohlenhandlung. Beide Männer verband bald eine enge Freundschaft. Dahrendorf verkehrte in dieser Zeit mit den führenden Vertretern des sozialdemokratisch-gewerkschaftlichen Widerstands. Zunächst war er jedoch weder in den ganzen Umfang der Aktivitäten eingeweiht noch beteiligte er sich aktiv. Erst Ende 1942 erhielt Dahrendorf einen umfassenden Einblick in die Widerstandsaktivitäten. Von Wilhelm Leuschner wurde er bald darauf in die konkreten Umsturzpläne einbezogen. Der Gewerkschaftsführer forderte Dahrendorf auf, seine dienstliche Reisetätigkeit zu nutzen, um von Nürnberg aus in Franken eine illegale Organisation aufzubauen und um Verbindungen nach Hamburg herzustellen. Vermutlich nutzte Dahrendorf auch Dienstreisen nach Dresden, Leipzig, Magdeburg, Mannheim, München, Regensburg, Rostock und Schwerin für konspirative Tätigkeiten.

In Hamburg nahm Dahrendorf mit August Hein Verbindung auf. Der Kontakt riss im Sommer 1943 ab, als Hein nach den schweren Bombenangriffen auf die Hansestadt nicht mehr aufzufinden und vermutlich ums Leben gekommen war. Ende Juli 1943 informierte Dahrendorf seinen väterlichen Freund und Förderer Adolph Schönfelder sowie einige Zeit später auch Herbert Ruscheweyh über die von Berlin aus vorbereiteten Umsturzpläne. Die beiden früheren SPD-Funktionäre gehörten ohne Zweifel zu den bekanntesten und profiliertesten Sozialdemokraten, die in der Hansestadt zur Verfügung standen und denen am ehesten ein weitreichender Einfluss auf die Arbeiterkreise zuzutrauen war. Schönfelder hatte zudem als früherer Polizeisenator wertvolle Kenntnisse über Aufbau und Organisation eines Polizeiapparates. Der Rechtsanwalt und frühere Bürgerschaftspräsident Ruscheweyh hatte zur Weimarer Zeit ebenfalls über einen hohen Bekanntheitsgrad verfügt und wurde bis hinein in bürgerliche Schichten geachtet.

Gustav Dahrendorf wurde wegen der Beteiligung am 20. Juli 1944 zu sieben Jahren Zuchthaus verurteilt.

In Berlin setzte sich bei den Sozialdemokraten vor allem Carlo Mierendorff für eine engere Zusammenarbeit der einzelnen Widerstandsgruppen ein. Nachdem Mierendorff bei einem Luftangriff auf Leipzig im Dezember 1943 ums Leben gekommen war, entwickelte sich Julius Leber immer stärker zur treibenden Kraft. Mit Claus Schenk Graf von Stauffenberg fand Leber einen ebenfalls zum Äußersten entschlossenen Vertreter des militärischen Widerstands. In dieser Phase stand Dahrendorf seinem Freund Leber als engster Vertrauter und Berater zur Seite. Uneingeschränkt unterstützte Dahrendorf Lebers Absicht, Kontakt mit den Kommunisten aufzunehmen, ein Vorhaben, das bei Leuschner und anderen auf Ablehnung stieß. Noch in der Nacht nach dem ersten Treffen wurde Dahrendorf von Leber ausführlich über den Verlauf des Gesprächs unterrichtet.

Unmittelbar nach dem gescheiterten Attentat vom 20. Juli 1944 wurde Gustav Dahrendorf verhaftet. Ein Telegramm, das ihn als Zivilbevollmächtigten für den Wehrbezirk X mit Hamburg, Bremen, Oldenburg, Nord-Hannover und Schleswig-Holstein bestimmte, hatte seine Beteiligung verraten. Julius Leber gelang es, den ganzen Umfang von Dahrendorfs Aktivitäten zu verschleiern, so dass dieser nicht zum Tode verurteilt wurde. Gustav Dahrendorf erhielt sieben Jahren Zuchthaus. Im April 1945 wurde er befreit.

Zahlreiche Hamburger Sozialdemokraten wurden im Rahmen der Aktion »Gewitter« nach dem Attentat vom 20. Juli erneut gefangen genommen. Die meisten kamen nach kurzer Zeit wieder frei. Andere, wie Kurt Adams, Wilhelm Heidsieck oder Otto Schumann verloren noch in den letzten Wochen und Monaten des NS-Regimes ihr Leben.

Die Überlebenden beteiligten sich am demokratischen Aufbau. Alle 15 Hamburger Delegierten auf dem ersten Nachkriegsparteitag der SPD im Mai 1946 in Hannover waren verfolgt worden. Mehr als die Hälfte hatte sich aktiv am Widerstand beteiligt. Mit Gustav Dahrendorf, Paula Karpinski, Irma Keilhack (frühere Schweder), Adolf Keilhack, Karl Meitmann, Walter Schmedemann, Willi Schmedemann und Adolph Schönfelder wurde Hamburg von acht Delegierten vertreten, die 1933 an der »Echo«-Versammlung teilgenommen hatten. Dabei ist zu berücksichtigen, dass drei Delegierte aus dem erst 1937 nach Hamburg eingemeindeten Altona kamen.

Nach verfolgten Sozialdemokraten benannte Straßen und öffentliche Gebäude wie das Theodor-Haubach-Gymnasium erinnern heute an Hamburger Widerstandskämpfer. Die im Rathaus 1981 angebrachte Gedenktafel mit der Inschrift: »Zum ehrenden Gedenken an die Mitglieder der Bürgerschaft die nach 1933 Opfer totalitärer Verfolgung wurden« ist auch den fünf SPD-Abgeordneten Kurt Adams, Adolf Biedermann, Theodor Haubach, Wilhelm Heidsieck und Otto Schumann gewidmet. Eine Gedenktafel im Kurt-Schumacher-Haus ist »Dem Gedenken der Opfer der nationalsozialistischen Gewaltherrschaft 1933–1945« gewidmet.

Im Januar 2007 wurden auf dem Ehrenfeld der Verfolgten des Ohlsdorfer Friedhofs drei Stelen mit den Namen von 192 Hamburger Sozialdemokratinnen und Sozialdemokraten errichtet, die in der Zeit von 1933 bis 1945 hingerichtet, im KZ ermordet und in den Tod getrieben wurden oder an den Folgen von Haft und Verfolgung gestorben sind.

Im Rahmen der Aktion Stolpersteine wurden Stolpersteine u.a. für die Sozialdemokraten Gustav Delle, Theodor Haubach und Max Mendel verlegt.

Walter Tormin

Die Neugründung der SPD nach dem Kriege (1945–1949)

Die Ausgangslage

Welche Kräfte standen im Mai 1945 in Hamburg für die Neu- oder Wiedergründung der SPD zur Verfügung? Zum einen gab es noch Reste der sozialdemokratischen Widerstandsbewegung, keine geschlossenen Gruppen mehr, sondern Einzelne, die nicht entdeckt worden waren oder die ihre Haft verbüßt hatten und aus Zuchthäusern, Gefängnissen und Konzentrationslagern in eine stets gefährdete Freiheit entlassen worden waren, die trotzdem Kontakt miteinander hielten und ihre Widerstandsarbeit fortsetzten. In erster Linie ist dabei Walter Schmedemann zu nennen, der Hauptinitiator und Organisator des sozialdemokratischen Widerstandes in Hamburg, ferner Anhänger des Internationalen Sozialistischen Kampfbundes/ISK (Hellmut Kalbitzer), der Sozialistischen Arbeiterpartei/SAP (Willi Elsner) und der Arbeiterjugend (Heinz Gärtner). Als sich das Ende des NS-Regimes deutlich abzeichnete, versammelten sich Ende März 1945 mehrere von ihnen zu einer Geheimkonferenz in Langenhorn, um zu erörtern, welche Aufgaben danach auf sie zukommen würden.

Zum anderen gab es das sozialdemokratische »Milieu«, das in den wenig oder nicht zerstörten Stadtteilen in erheblichem Umfang erhalten war. Viele der früheren SPD- und Gewerkschaftsmitglieder hatten sich während der NS-Zeit sozusagen »eingeigelt«, sich so wenig wie möglich engagiert und nur auf den Tag gewartet, wo der ganze Spuk vorbei sein würde und sie dort weitermachen konnten, wo sie 1933 aufgehört hatten. Sie hatten registriert, wer sich ebenso verhielt und wer vor den Machthabern kapitulierte, so dass man jetzt wusste, wer für den Neuaufbau in Betracht kam.

Karl Meitmann, Vorsitzender der Landesorganisation Hamburg 1945–1952.

Adolph Schönfelder,
2. Bürgermeister 1945/46,
Präsident der Bürgerschaft
1946–1960.

Die Wiedergeburt einer Partei

Die Neugründung vollzog sich aus diesen beiden Wurzeln heraus bald nach der Kapitulation und Besetzung Hamburgs nahezu automatisch. Frühere SPD-Mitglieder trafen sich in Privatwohnungen, in Schrebergärten (wo viele nach der Zerstörung gerade der Arbeiter-Wohnviertel 1943 untergekommen waren) oder in den früheren Parteilokalen. Die Gruppe um Schmedemann (im Wesentlichen diejenigen, die bereits im März zusammengekommen waren) beriet nach der Kapitulation mehrfach die Neugründung und konstituierte schließlich am 14. Juli 1945 zusammen mit Vertretern der inzwischen entstandenen Basisgruppen die Landesorganisation Hamburg der SPD.

Ein Provisorischer Landesvorstand wurde gewählt mit Karl Meitmann (der diese Funktion schon 1929–1933 bekleidet hatte) als Erstem und Walter Schmedemann als Zweitem Vorsitzenden. Unter den übrigen 23 Mitgliedern des Vorstandes waren im Wesentlichen mittlere Funktionäre aus der Zeit vor 1933, dazu je ein Vertreter der SAP (Elsner) und des ISK (Kalbitzer). Als einzige Frau gehörte Paula Karpinski (wie vor 1933) dem Vorstand an.

Diese Parteigründung war, genau genommen, illegal, weil Parteien von der Besatzungsmacht noch nicht zugelassen waren und für Deutsche jegliche politische Betätigung verboten war. Mit einem, wie man es empfand, typisch englischen Pragmatismus duldete die Besatzungsmacht aber die Aktivitäten, soweit sie sich nicht in der Öffentlichkeit abspielten. Die offizielle Zulassung der inzwischen entstandenen vier Parteien erfolgte in Hamburg erst am 21. November 1945.

Welche Ziele hatte die entstehende SPD, von welchen Vorstellungen gingen ihre Gründer aus? Die von der Not des Tages diktierten wichtigsten Aufgaben waren – für alle Parteien ohne Unterschied – die Sicherung der materiellen Lebensgrundlagen für die Bevölkerung und der Beginn des Wiederaufbaus der zerstörten Stadt.

Das war nach sozialdemokratischer Auffassung nur möglich auf einer sozialistischen, nicht dagegen auf privatwirtschaftlicher Grundlage. Der spätere langjährige Vorsitzende der SPD in den Westzonen, Kurt Schumacher, begründete diese Überzeugung beim Landesparteitag in Hamburg am 27. Januar 1946 so: »Das Sozialprodukt der deutschen Wirtschaft reicht nicht mehr aus, Unternehmergewinne, Kapitalprofite und Grundrenten zu zahlen. Es reicht gerade dazu aus, die Arbeit zu entlohnen und den Allerelendsten Hilfe zu gewähren«. Zur Bürgerschaftswahl 1946 proklamierte die SPD: »Nur ein sozialistisches Hamburg kann ein gesundes und dann wieder einmal ein blühendes Hamburg werden«.

Aber was war das: »Sozialismus«? Darüber gab es unter Sozialdemokraten nur recht allgemeine und unklare Vorstellungen von einer zentral gelenkten Wirtschaft mit Sozialisierung der Grundstoff-, der Großindustrie, der Großbanken und anderer marktbeherrschender Unternehmen. Man bezog sich auf die Programmatik der Zeit vor 1933 und reflektierte nicht weiter darüber, weil die Tagesprobleme alle Reflexion in den Hintergrund drängten.

Eines dieser Probleme war die Überwindung der traditionellen Spaltung der Arbeiterbewegung, die Gründung einer einzigen Sozialistischen Partei zusammen mit den Kommunisten und anderen kleineren Gruppen. Sowohl in der SPD wie in der KPD und darüber hinaus war die Überzeugung verbreitet, dass eine der wesentlichen Ursachen für die Niederlage von 1933, für den Erfolg der NSDAP, gewesen sei, dass ihr schärfster Gegner, die Arbeiterbewegung, in sich gespalten war und die Gruppierungen sich gegenseitig bekämpften, anstatt sich gemeinsam gegen den gemeinsamen Feind zu wenden. Dieser Fehler durfte sich nicht wiederholen!

In der Führungsgruppe der Hamburger SPD befürwortete im Sommer 1945 eine deutliche

Paula Karpinski, Senatorin 1946–1953 und 1957–1961, erste Frau im Hamburger Senat.

Mehrheit die gemeinsame Parteigründung zusammen mit der KPD. Es gab zwar Skeptiker, die den Kommunisten misstrauten, aber sie konnten sich gegen den emotionalen Trend zur »Einheit« nicht durchsetzen.

Die gemeinsame Parteigründung scheiterte an der Weigerung der Kommunisten, die offensichtlich auf Grund von Weisungen aus Berlin oder aus Moskau handelten. Wegen dieser Weigerung und manch anderer Vorfälle, die das Misstrauen in die ehrlichen Absichten der KPD bestärkten, insbesondere auch in ihr Bekenntnis zur Demokratie, kühlte sich das Verhältnis zwischen den beiden Parteien im Herbst 1945 zunehmend ab. Den Ausschlag für den endgültigen Verzicht auf die Einheitspartei gaben dann gegen Ende 1945 die nun häufiger und zuverlässiger in Hamburg eintreffenden Informationen über das Verhalten der KPD und der sie stützenden Besatzungsmacht in der sowjetisch besetzten Zone und über den dort ausgeübten Zwang zur Vereinigung. Seit der Jahreswende 1945/46 hatte der Gedanke einer einheitlichen Sozialistischen Partei in Hamburg keine Chance mehr.

Organisation und Ideologie

Der organisatorische Aufbau wurde mit dem ersten Landesparteitag am 26. und 27. Januar 1946 abgeschlossen. Dieser begann mit einer Feierstunde, bei der vor einer Kulisse von 20 während der Nazi-Zeit versteckten Parteifahnen Walter Schmedemann einen Bericht über den sozialdemokratischen Widerstand in Hamburg erstattete. Am zweiten Tag hielt Schumacher das politische Hauptreferat »Die Sozialdemokratie im neuen Deutschland«, wobei er das Werden und Wollen der Partei erläuterte und begründete. »Beifallsstürme ohnegleichen« (so das Mitteilungsblatt der Hamburger SPD) dankten ihm. Mit dieser Rede hatte er seine Konzeption auch in der Hamburger Partei endgültig durchgesetzt. Der Parteitag war ein bewegendes Erlebnis für alle Beteiligten. Alle waren überzeugt, dass nun der unaufhaltsame Aufstieg der Partei beginnen werde, dass der Weg zum »sozialistischen Hamburg« offen vor ihnen lag.

Nach dem Parteitag setzte eine rege innerparteiliche Aktivität mit regelmäßigen internen und öffentlichen Versammlungen ein sowie eine intensive Mitgliederwerbung. Über ihren Erfolg geben die folgenden Zahlen Auskunft: Die Mitgliederzahl betrug zur Zeit des Parteitages ca. 12.000, Ende 1946 ca. 44.000. Die Steigerung um nahezu das Vierfache innerhalb eines Jahres führte zu erheblichen Problemen in der Organisation, bei der Integration der neuen Mitglieder und bei der Funktionärauswahl. Der Mitgliederzuwachs hielt zunächst noch an, wenn auch nicht im gleichen Verhältnis: Ende 1947 ca. 54.500, Ende 1948 ca. 55.000, Ende 1949 ca. 52.000.

Mit der Währungsreform Mitte 1948 war der Zuwachs beendet und es begann ein zunächst langsamer, später stärkerer Mitgliederrückgang. Über die soziale Zusammensetzung der SPD-Mitglieder gibt eine im Herbst 1946 durchgeführte Erhebung Auskunft:

letzte Erhebung vor 1933:		
Arbeiter	44,0 %	60,0 %
Angestellte	16,0 %	11,0 %
Selbständige	4,8 %	3,5 %
Hausfrauen	20,0 %	18,0 %
Rentner	9,5 %	1,4 %
Beamte	2,9 %	3,9 %

Der Anteil der Frauen betrug 24 Prozent, was fast derselbe Prozentsatz wie vor 1933 war.

Die Hamburger SPD war also zu diesem Zeitpunkt noch ganz überwiegend eine Arbeiterpartei (da der größere Teil der Rentner und der Hausfrauen den Arbeitern zuzurechnen ist). Sie hatte das von Schumacher vorgegebene Ziel, die Gewinnung eines großen Teiles der Mittelschichten für die Sozialdemokratie, bei den Mitgliedern bisher kaum, bei den Wählern, wie die Wahlergebnisse von 1946 auswiesen, nur wenig besser erreicht.

Zusammenfassend kann die Gründungsperiode der SPD in Hamburg wie folgt charakterisiert werden: Es war kein Aufbruch zu neuen Ufern und keine grundsätzliche Erneuerung der Organisation oder der Programmatik. Es war eher eine nüchterne Bewältigung dringender Tagesaufgaben. Nahezu selbstverständlich bildeten sich die alten Organisationsstrukturen wieder heraus und übernahmen frühere Funktionäre, die inzwischen zwölf Jahre älter geworden waren, aber wenig neue politische Erfahrung hatten sammeln können, den Hauptteil der Arbeit. Jüngere Kräfte und unkonventionelle Ideen hatten eine Chance, aber es gab nicht viele

Jüngere. Angesichts der existentiellen Unsicherheit, in der alle lebten, klammerte sich die Masse der Mitglieder und Funktionäre geradezu an die herkömmlichen Formen und Inhalte der Sozialdemokratie. Die Katastrophen und Verwerfungen der letzten zwölf Jahre wurden, soweit irgend möglich, verdrängt. Der Neubeginn der Hamburger SPD 1945 war eine Wieder-, keine Neugründung.

Eine Wiedergründung allerdings mit drei bemerkenswerten Modifikationen:

1. Die SPD wies nach 1945 ein größeres Maß an innerer Differenzierung und Pluralität auf als vor 1933, repräsentiert durch Arbeitsgemeinschaften, die – zuerst für die Frauen (Arbeitsgemeinschaft sozialdemokratischer Frauen/AsF) – bald nach dem Neubeginn entstanden. Außer für Frauen und für jüngere Mitglieder (Jungsozialisten) gab es berufsfachlich orientierte Arbeitsgemeinschaften für Lehrer, Juristen, Ärzte und andere, ferner Betriebsgruppen, zusammengefasst in der Betriebsorganisation, und später die Arbeitsgemeinschaft ehemals verfolgter Sozialdemokraten (AvS). Diese Gruppierungen besaßen einen deutlich größeren Einfluss auf die innerparteiliche Willensbildung, als ihre Vorgänger in der Weimarer Zeit je besessen hatten. Sie brachten ein größeres Spektrum an Erfahrungen und Kompetenzen in die SPD ein.

2. Die SPD zeigte eine größere Offenheit in der Ideologie als vor 1933. Zwar galt weiterhin der Marxismus als ideologische Grundlage der Partei, doch Schumacher wusste, dass die Gewinnung der Mittelschichten einer dogmatisch-marxistischen Partei nicht gelingen konnte. Darum nahm er eine Umdeutung vor und erklärte, dass der Marxismus kein Dogma sei, sondern nur eine für die Analyse der Gesellschaft zweckmäßige Methode. Die neue ideologische Offenheit zeigte sich vor allem in einem neuen Verhältnis der SPD zur Religion und zu den Kirchen, die nicht mehr, wie vor 1933, a priori als Gegner galten. Das Thema »Christentum und Sozialismus« gehörte zu den meistdiskutierten Themen der Zeit.

3. Ebenso wie zu diesem Thema gab es auch zu anderen Grundsatzfragen intensive Diskussionen innerhalb der SPD, was vor 1933 eher eine Randerscheinung gewesen war. In Hamburg wurde die Grundsatzdiskussion durch die Gründung der »Sozialistischen Arbeitsgemeinschaft« (SAG) im Herbst 1945 regelrecht institutionalisiert. Sie war eine Art »Braintrust«

der Partei, von dem viele Anregungen ausgingen. Ähnliche Diskussionen gab es in den Bildungsveranstaltungen, die bald einen beachtlichen Umfang annahmen, bei Jungsozialisten und Studenten.

Diese Innovationen waren bis 1949 noch nicht so ausgeprägt, dass sie das Bild der Partei insgesamt bestimmten. Wichtiger war zunächst die personelle Kontinuität. Es kristallisierte sich bald eine Führungsgruppe heraus, die im Wesentlichen aus früheren Funktionären der Hamburger und der Altonaer SPD bestand. Hinzu kamen einige Jüngere, unter

Sozialdemokraten bei der Demonstration zum 1. Mai 1946.

denen in erster Linie Erich Klabunde, der Fraktionsvorsitzende in der Bürgerschaft, zu nennen ist sowie die oben genannten Vertreter sozialistischer Splittergruppen, später auch ehemalige Kommunisten (Joseph Wagner, Herbert Wehner). Zusammen bildeten sie einen relativ geschlossenen Kreis, der für die nächsten 10 bis 15 Jahre maßgeblich die Politik der Hamburger SPD bestimmen sollte.

Der Wahlerfolg von 1946 und der Beginn der Regierungsarbeit

Am 13. Oktober 1946 fand in Hamburg die erste Bürgerschaftswahl nach 14 Jahren statt. Die SPD erhielt 43,1 % der Stimmen und 83 Mandate (von 110), besaß also im Parlament eine 3/4-Mehrheit. Das war die Folge des von der Besatzungsmacht verfügten Wahlrechts, das sich am britischen Mehrheitswahlrecht orientierte. Trotz ihrer Mehrheit war die SPD zu einer Koalition bereit, weil in der gegenwärtigen Notzeit die Verantwortung auf breiten Schultern liegen müsse. Die Verhandlungen mit der CDU scheiterten jedoch, so dass diese in die Opposition ging und der Senat mit Bürgermeister Max Brauer an der Spitze aus Vertretern der SPD, der FDP und der KPD gebildet wurde.

Ein sozialistisches Hamburg –
die Parole der Bürgerschaftswahlen 1946

Die Mehrheit aller Hamburger für die Sozialdemokratie! — Das ist der Sinn dieser Wahl! Denn nur ein sozialistisches Hamburg kann ein gesundes und dann einmal wieder ein blühendes Hamburg werden.

Die Sozialdemokratie kann und will keine goldenen Berge versprechen. Aber sie will jetzt mit der sozialistischen Gestaltung des öffentlichen Lebens beginnen. — Wir Hamburger Sozialdemokraten stützen uns dabei auf die Erfahrungen und unbestreitbaren Erfolge unserer Partei in der kommunalen Aufbauarbeit der Jahre 1919 bis 1932.

Für die hamburgische Landespolitik sieht die Sozialdemokratie folgende Aufgaben:

Wirtschaft

1. Rettung aller wirtschaftlichen Werte und Arbeitsgrundlagen vor Stillegung, Zerstörung oder Demontage.
2. Aufbau einer Friedensindustrie durch Erweiterung der vorhandenen und Errichtung neuer Industriebetriebe in Anpassung an Hamburgs Aufgabe als Ein- und Ausfuhrhafen.
3. Erhaltung ausreichender Werftanlagen für den Neubau von Fischereifahrzeugen, See- und Binnenschiffen sowie für die Bewältigung der Reparaturaufgaben des Hafens.
4. Schaffung eines Seeschiffsverkehrs für die Einfuhr von Lebensmitteln und Rohstoffen, die Ausfuhr deutscher Fertigerzeugnisse und die Beförderung internationaler Güter.
5. Zusammenfassung der finanziellen Kräfte der Hamburger Wirtschaft und Bevölkerung durch volkswirtschaftlich vernünftige Ordnung des Bankenapparates und planmäßige Lenkung des Kreditwesens.

Öffentliche Wirtschaft

6. Überführung der Monopolbetriebe, wie Hamburger Hochbahn AG. und der Hamburgischen Electricitätswerke AG. in öffentlichen Besitz.
7. Zusammenfassung aller Betriebe der öffentlichen Wirtschaft (Elektrizitäts-, Gas-, Wasserwerke, Hochbahn, Hafendampfschiffahrt, Hafen- und Lagerhausbetriebe) zur besseren Ausnutzung der Erträge.
8. Verwendung der in der öffentlichen Wirtschaft erzielten Überschüsse zum Ausbau des Hafens und zur Ausgestaltung der wirtschaftlichen Grundlage Hamburgs.

Wohnungsbeschaffung

9. Schleunige Wiederherstellung aller zerstörten reparaturfähigen Wohnungen.
10. Erhaltung des vorhandenen bewohnbaren Wohnungsbestandes durch Sicherstellung des für Reparaturen vorgesehenen Teils der Miete im Interesse der Mieter wie der Hauseigentümer.
11. Billigste Finanzierung der Instandsetzungen und Neubauten durch niedrig verzinsbare Mittel; schärfste Kontrolle der Baupreise, Bekämpfung der Bauverteuerung.
12. Aufstellung eines in Finanzierung, Baustoffbeschaffung und Bereitstellung von Arbeitskräften gesicherten Planes für den Neubau von Wohnungen, der im Anschluß an das Reparaturprogramm durchzuführen ist; Durchführung des Neubauprogramms nach gemeinnützigen Grundsätzen.
13. Sicherung sozialer Mieten, auch bei den vorhandenen Wohnungen; Abbau überteuerter Untermieten.
14. Sinnvolle Zusammenfassung aller Aufgaben der Wohnungsplanung, Wohnungsherstellung, Wohnungsbewirtschaftung und Wohnungsverteilung; Übergang aller Befugnisse auf deutsche, der Hamburger Bevölkerung voll verantwortliche Dienststellen.

Hamburger Finanzen

15. Eine Steuerpolitik, die die wirtschaftliche Aktivität nicht lähmt, sondern im Rahmen zeitgemäß beschränkter Gewinnmöglichkeiten fördert.
16. Bereitstellung der erforderlichen Mittel für den wirtschaftlichen Aufbau Hamburgs und für die sozialen Leistungen an alle Hilfsbedürftigen.
17. Aufbringung der Mittel nach dem Grundsatz der Leistungsfähigkeit unter besonderer Heranziehung der großen Vermögen.

Wirtschaftliche Verwaltung

18. Entscheidende Mitbestimmung der Arbeitnehmer und Verbraucher bei der Preiskontrolle und Preisfestsetzung der wirtschaftlichen Lenkung, Planung und Verwaltung sowie in den Selbstverwaltungsorganen der freien Wirtschaft (Kammern) und in den Betrieben.
19. Die gesamte öffentliche und private Wirtschaft muß auch in Hamburg nach dem Grundsatz der vordringlichen Bedarfsdeckung planmäßig gelenkt werden.

Kommunale Verwaltung

20. Weitgehende kommunale Selbstverwaltung und Einschaltung der Bevölkerung in das Verwaltungssystem der Ortsämter.

Kultur

21. Fortschrittliche Entwicklung des Schulwesens im Geist des Friedens und der Völkerverständigung.
22. Ausreichende Ausbildungsbeihilfen an alle befähigten Minderbemittelten, insbesondere an die Opfer des Krieges und der Naziverfolgung.
23. Ausgestaltung der Universität: Lehrstühle für Soziologie, Gemeinwirtschaft und Auslandskunde; Bereitstellung der erforderlichen Lehreinrichtungen.
24. Ausbau der öffentlichen und der unter öffentlichem Einfluß stehenden Theater zu kulturell hochqualifizierten Volkstheatern.
25. Förderung des Sports, der Jugendbildung und aller Einrichtungen der Jugendwohlfahrt und Jugendbewegung.

Entnazifizierung

26. Befreiung der nachweisbar nur nominell Belasteten von allen Benachteiligungen.
27. Ausschaltung und Bestrafung aller Aktivisten.

Verantwortung nur als Frei!

28. Beschleunigter Übergang aller Verwaltungsfunktionen auf deutsche Dienststellen.

SOZIALDEMOKRATISCHE PARTEI DEUTSCHLANDS
LANDESORGANISATION HANSESTADT HAMBURG

Druck: Auerdruck GmbH., Hbg. 1, RP 36, 1075/2000/11.46/Kl. C
Für den Inhalt verantwortlich: Ernst Kähler, Hamburg

Flugzettel mit dem Wahlprogramm zur Bürgerschaft 1946.

Wenige Wochen nach der Wahl des Senats begann eine der größten Katastrophen in der neueren Geschichte Hamburgs (so Erich Lüth), der Winter 1946/47 mit fast drei Monaten Dauerfrost und Temperaturen bis zu 20 Grad unter Null. Die Stadt war wie gelähmt. Politik – außer dem, was zur Bewältigung der unmittelbaren Not unabdingbar war – fand in dieser Zeit kaum statt. Im Frühjahr 1947 kam eine Ernährungskrise hinzu, die zu Hungerstreiks und Hungerdemonstrationen führte.

Die ständige Verschlechterung der Lebensverhältnisse, Hunger, Kälte, Wohnungsnot und Mangel an allen lebensnotwendigen Dingen führten zu Enttäuschung und Frustration auch innerhalb der SPD. Die Partei beschäftigte sich 1947/48 überwiegend mit sich selbst, mit persönlichen Querelen und mit Kritik an der Parteiführung und am Senat ohne eine Perspektive, wie man es anders machen könnte. Sie fand nur zu wenigen größeren gesellschaftlichen Reformvorhaben die nötige Kraft.

In einem längeren innerparteilichen Diskussionsprozess wurden Grundsätze für eine Schulreform erarbeitet, darunter eine neue Gliederung der Schulformen und die sechsjährige Dauer der Grundschule. Der Senat legte der Bürgerschaft einen entsprechenden Gesetzentwurf vor, der im September 1949 beschlossen wurde, wobei die FDP aus der Koalition ausbrach, so dass dem Gesetz nur SPD und KPD zustimmten. Sowohl vor wie nach der Verabschiedung traf es in der Öffentlichkeit auf erheblichen Widerstand, und es ist bis heute umstritten, ob die Einführung der 6-jährigen Grundschule eine wesentliche Ursache für die Wahlniederlage der SPD 1953 war.

Das Thema »Sozialisierung«, das einen Kernpunkt der sozialdemokratischen Programmatik betraf, wurde in allen Parteien intensiv diskutiert. Die Hamburger SPD fasste ihre Auffassung im (ursprünglich für die Besatzungsmacht bestimmten) »Hamburger Sozialisierungsgutachten« vom 5. Februar 1947 zusammen, das von einer Landesdelegiertenversammlung mehrheitlich als Grundlage für die Politik der Partei gebilligt wurde. Da Hamburg jedoch keine Grundstoffindustrie besaß, die in erster Linie betroffen sein sollte, kamen hier für eine Sozialisierung (außer den Großwerften, die zur Zeit zerstört oder beschlagnahmt waren) nur die Monopolbetriebe der kommunalen Versorgung in Betracht, vor allem die Hamburger Hochbahn und die Elektrizitätswerke. Bei der ersteren musste als Voraussetzung für eine Verstaatlichung der im Privatbesitz befindliche Teil der Aktien enteignet und mit Obligationen entschädigt werden, worüber es eine erbitterte parlamentarische und öffentliche Auseinandersetzung gab. Der Umtausch von Aktien in Obligationen war wenig geeignet, die in der Sozialdemokratie mit dem Begriff »Sozialisierung« traditionell verbundenen geradezu eschatologischen Hoffnungen und Erwartungen zu erfüllen. Die Verstaatlichung der Hochbahn kam nicht zustande, weil die Besatzungsmacht die Zustimmung verweigerte.

Im September 1949 beschloss die Bürgerschaft ebenfalls das innerhalb der SPD lange diskutierte und in Einzelheiten umstrittene Bezirksverwaltungsgesetz, das die Aufteilung Hamburgs in sieben teilweise selbständige Bezirke vorsah. Dieses Gesetz ist das einzige von den großen Reformvorhaben der Jahre 1945 bis 1949, das bis heute – immer noch und immer wieder umstritten – Bestand hat. Allerdings kann man zweifeln, ob es sich um eine gesellschaftspolitische Reform handelte oder eher um eine pragmatische Notwendigkeit, um den Stadtstaat vernünftig verwalten zu können.

Hamburg und die Bundespolitik
Nachdem die Jahre 1947 und erste Hälfte 1948 in Deutschland und in Hamburg durch eine allgemeine Stagnation der Politik gekennzeichnet

waren, folgten Mitte 1948 die schon länger anstehenden Entscheidungen Schlag auf Schlag.

Die Währungsreform am 21 Juni 1948 hatte einschneidende Folgen für die gesamte Gesellschaft, von denen die SPD sowohl in organisatorischer wie in programmatischer Hinsicht betroffen war.

Sofort nach der Währungsreform gingen die Beitragseinnahmen rapide zurück, um sich erst sehr langsam wieder zu stabilisieren. Das neue Geld, die D-Mark, war knapp und konnte jetzt für so viele andere, lang entbehrte Dinge ausgegeben werden. Die Landesorganisation und die Untergliederungen der SPD mussten Mitarbeiter entlassen, den Raumbedarf reduzieren und ihre Aktivitäten, vor allem in der Bildungsarbeit, einschränken. Die Mitgliederzahl begann, wie oben dargestellt, wieder zurückzugehen. Auch unter den Verbleibenden nahm das Engagement für die Partei ab, was sich vor allem beim Versammlungsbesuch zeigte. Die SAG stellte ihre Tätigkeit nach einiger Zeit mangels Interesse ein.

Die Währungsreform und der Marshall-Plan waren die Initialzündung für den wirtschaftlichen Wiederaufstieg. Es konnte bald keinem Zweifel unterliegen, dass die Marktwirtschaft keineswegs überholt und für den Wiederaufbau Deutschlands ungeeignet sei. Dieser war offensichtlich nicht nur auf sozialistischer, sondern ebenso (oder gar besser) auf privatkapitalistischer Grundlage möglich. Die Realitäten nach 1948 widerlegten die Gewissheiten von 1945. Das zwang die SPD zur Überprüfung ihres Programms und führte zu einer Krise des sozialdemokratischen Selbstverständnisses. Es begann eine intensive Programmdiskussion, die schließlich zum Godesberger Programm von 1959 führte.

Etwa gleichzeitig mit der Währungsreform fiel die Entscheidung über die Gründung eines westdeutschen Staates. In der Hamburger SPD kann bis Mitte 1948 ein Meinungsbildungsprozess beobachtet werden, der vom unbedingten Festhalten an der Einheit ganz Deutschlands zu der resignierten Einsicht führte, dass die Notlösung Westdeutschland das Einzige war, das man bekommen konnte.

Die Bundestagswahl vom 14. August 1949 musste über die Wirtschaftsordnung und das gesellschaftliche System der neuen Bundesrepublik entscheiden. Die SPD ging mit der Erwartung in die Wahl, eine Mehrheit zu gewinnen, weil sie als einzige deutsche Partei immer für Demokratie und Frieden gestanden habe und weil sie als einzige nicht durch Zusammenarbeit mit dem Nationalsozialismus diskreditiert sei. Es gelang ihr jedoch nicht, die Interessen und Vorstellungen der Masse der Wähler zu erkennen und anzusprechen. Nach zehn Jahren Entbehrungen, Hunger und Not wollten sie endlich wieder normal leben. Es gelang der SPD insbesondere nicht, die von ihr propagierte Planwirtschaft von der in der Bevölkerung – je langer sie dauerte, desto mehr – verhassten Zwangswirtschaft der Kriegs- und Nachkriegszeit abzugrenzen. Das entschied die Wahl.

Die SPD erreichte im Bund 29,2 % der Stimmen, blieb also weit unterhalb ihrer Erwartung. In Hamburg erreichte sie 39,6 % und 6 Mandate (von insgesamt 13). Das war der Erfolg eines Wahlbündnisses zwischen CDU und FDP (trotz noch bestehender Koalition mit der SPD im Senat). Beide teilten die Wahlkreise unter sich auf und konnten so ihr Gewicht der SPD gegenüber besser zur Geltung bringen.

Die Bürgerschaftswahl 1949

Nur zwei Monate später, am 16. Oktober 1949, folgte eine Bürgerschaftswahl, weil nach der Vorläufigen Verfassung die Wahlperiode drei Jahre betrug. Auch bei dieser Wahl gab es ein Wahlbündnis CDU/FDP. Die SPD erreichte 42,8 % der Stimmen, also einige Prozentpunkte mehr als bei der Bundestagswahl, aber wiederum nicht die Mehrheit. Sie gewann jedoch mit 65 Mandaten (von jetzt 120) die absolute Mehrheit im Parlament. Das Wahlrecht war inzwischen geändert worden, enthielt aber immer noch starke Elemente der Mehrheitswahl . Die SPD beschloss, alleine zu regieren. Max Brauer blieb Erster Bürgermeister.

Das Wahlprogramm der SPD zur Bürgerschaftswahl und ebenso Brauers Regierungserklärung, die er am 3. März 1950 abgab, proklamierten nicht mehr ein »sozialistisches Hamburg«, sondern konzentrierten sich auf praktische Aufgaben, auf den Wiederaufbau der Stadt, insbesondere auf den Wohnungsbau, die Sozialpolitik und die Ingangsetzung des Hafens. In diesen beiden Programmen bedeutet nun »Sozialismus« nicht mehr, wie der Begriff mindestens seit dem Erfurter Programm von 1891 und noch 1945/46 verstanden wurde, ein geschlossenes System, einen irgendwann einmal zu erreichenden Endzustand. Für die Verfasser der Hamburger Programme von 1949/50 ist »Sozialismus« kein Zustand, sondern, wie Klabunde es schon 1945 in der SAG ausgedrückt hatte (ohne dass damals jemand die Tragweite dieses Bedeutungswandels erkannte), »ein Prinzip, das allen Einzelmaßnahmen zugrunde zu legen ist, die so sozial und so gerecht wie jeweils nach den Umständen möglich zu gestalten sind«, oder, wie es das Godesberger Programm 1959 formulierte, eine »dauernde Aufgabe«. Die Hamburger Sozialdemokratie hat die Godesberger »Wende« in ihrer praktischen Politik bereits zehn Jahre früher vollzogen.

Christel Oldenburg

Tradition und Modernität –
Die Hamburger SPD von 1950 – 1966

Die Geschichte der Hamburger SPD in den Jahren von 1950 bis 1966 ist durch zwei gegensätzliche Entwicklungen gekennzeichnet: von der Bürgerschaftswahl 1949 an konnte die Partei ihre Ergebnisse von Wahl zu Wahl steigern und erreichte bei der Bürgerschaftswahl 1966 mit 59 % der Stimmen ihr bislang bestes Resultat der Nachkriegszeit. Die Partei-organisation hingegen schrumpfte innerhalb von 16 Jahren um rund ein Drittel ihrer Mitglieder. Waren 1951 noch etwa 51.000 Hamburgerinnen und Hamburger bei den Sozialdemokraten registriert, besaßen 1966 nur noch 34.700 Bürger ein rotes Parteibuch. Dabei handelte es sich – spätestens seit Mitte der 1950er Jahre – um ein spezifisch hamburgisches Problem, denn bundesweit nahmen die Mitgliederzahlen der SPD zu. Gestoppt wurde der negative Hamburger Trend in den folgenden Jahren seit 1969 nur durch den Eintritt der so genannten 68er, um sich ab Mitte der 1970er Jahre mit gedrosseltem Tempo fortzusetzen.

Der Rückgang der Mitgliederzahlen und die damit verbundenen Auswirkungen auf die Parteiorganisation beschäftigte Funktionäre und auch einfache Mitglieder in jenen Jahren weit mehr als so manches politische Problem. Wohl blieb die Partei in ihrer Grundstruktur erhalten, aber in den Distrikten und vor allem in den basisnahen Wohnbezirken zeitigte der Mitgliederschwund gravierende Auswirkun-gen. Zwar nur vier Distrikte, aber 114 Wohn-bezirke weniger als 1951 zählte die parteiin-terne Statistik am Ende des Jahres 1966. Hinzu kam, dass der Besuch der Wohnbezirks-versammlungen zunehmend zu wünschen übrig ließ: vielerorts fanden sich nur noch knapp 10 % der Mitglieder zu Bezirksabenden ein – eine Tatsache, die verschiedene Kreisvor-

Motoren des Wiederaufbaus: Max Brauer, Bürgermeister von 1946–1953 und 1957 bis 1960 und Paul Nevermann, Bausenator von 1946–1953 und 1957–1960, Erster Bürgermeister von 1961–1965.

Der Bau des Kurt-Schumacher-Hauses. 1957 bezog die SPD-Landesorganisation ihr eigenes Haus mit Sitz der Parteizentrale.

 stände dazu veranlasste, über weitere Zusammenlegungen von Bezirken nachzudenken und zu fordern, auf dieser Parteiebene gar keine Versammlungen mehr abzuhalten. Kurz: ins dichtmaschige Netz der Wohnbezirke hatten die Mitgliederverluste bis zur Mitte der 1960er Jahre schon große Löcher gerissen. Der Genosse, der um die Ecke wohnte, die Sorgen und Nöte der Menschen im Quartier kannte, jederzeit ansprechbar war und sich kümmerte, war zusehends seltener geworden.

Um diese Entwicklung zu stoppen, hatte die Partei allerlei Gegenmaßnahmen ergriffen. Auf dem Landesparteitag 1951 setzten die Delegierten eine Organisationskommission ein, welche die gesamte Parteistruktur durchleuchten sollte, um Schwachstellen zu erkennen und zu beheben. Von der Führung der Mitgliederkartei in den sieben Kreisen über die grundsätzlichen Aufgaben eines Kreissekretärs bis hin zu Vorschlägen für eine Belebung der Bezirksabende nahm die Kommission alles in Augenschein, was die Mitgliederbindung an die Partei stärken könnte. Mitte der 1950er Jahre erreichte der Einsatz des noch jungen Mediums Film auf Distriktsversammlungen seinen Höhepunkt, weil Filmvorführungen – egal welchen Inhalts – die Genossinnen und Genossen wieder vermehrt zu Parteiabenden lockte. Anfang der 1960er Jahre zog auch dieses Mittel nicht mehr – das Fernsehen hatte Einzug in die Wohnzimmer der SPD-Mitglieder gehalten. Zur Steigerung der Mitgliederzahlen wurden etliche Werbekampagnen ausgelobt und durchaus erfolgreich abgeschlossen. Die Verluste ausgleichen, die weniger durch Austritte oder Sterbefälle als vielmehr durch fehlende Umzugsmeldungen oder die Einstellung der Beitragszahlung hervorgerufen wurden, konnten die Neueintritte jedoch nicht.

Soziologisch betrachtet hatte sich die Hamburger SPD bereits seit Anfang der 1930er Jahre von einer Arbeiterpartei auf den Weg zu einer Arbeiternehmerpartei begeben. 1952 betrug der Anteil der Arbeiter nur noch 33 % und war damit gegenüber 1931 um rund 27 % gesunken. Die Zahl der Angestellten war hingegen im gleichen Zeitraum um etwa 6 % auf fast 18 % gestiegen. Besonders augenfällig gegenüber der Mitgliederstruktur in der Weimarer Republik war jedoch der hohe Anteil der Rentner: er war von rund 1 % im Jahr 1931 auf über 18 % im Jahr 1952 nach oben geschnellt. Damit wurde offenbar, was so viele SPD-Funktionäre beklagten: die Hamburger SPD war überaltert. Dieser Trend hielt bis zur Mitte der 1960er Jahre an und wurde – bei sinkender Mitgliederzahl – auch nicht durch Neueintritte gestoppt, die überwiegend zwischen 20 und 30 Jahre alt waren. Das einzig Erfreuliche in der Mitgliederstruktur der Hamburger SPD: mit rund 28 % Frauen lag deren Zahl im Vergleich zur Bundespartei weit über dem Durchschnitt.

Unter den Funktionären fanden sich weit weniger Arbeiter und Frauen als es ihrem Anteil in der Mitgliedschaft entsprach: 1951 war der durchschnittliche Landesdelegierte 47 Jahre alt, männlich, Angestellter und arbeitete im öffentlichen Dienst oder in einem staatlichen Betrieb. Diese Entwicklung setzte sich in der folgenden Zeit fort, so dass schon in den 1950er Jahren von der Hamburger SPD als einer Volkspartei gesprochen werden kann, in der die Angestellten des öffentliches Dienstes dominierten.

Tendenzen des Niedergangs zeigten sich nicht nur im Mitgliederschwund, sondern ebenfalls beim sozialdemokratischen Pressewesen. Indikator für die rückläufige Akzeptanz sozialdemokratischer Zeitungen war die Entwicklung des Hamburger Echo. Das traditionsreiche Blatt, 1875 gegründet und nach dem Verbot durch die Nationalsozialisten als parteinahe Zeitung 1946 wieder zugelassen, war in den 1950er und 1960er Jahren stetes Sorgenkind der Hamburger Partei. In ungezählten Sitzungen beriet der Landesvorstand über Neukonzeptionen von Inhalt und Layout sowie über die Erhöhung der Wirtschaftlichkeit. Doch Abonnentenzahlen und Straßenverkauf gingen kontinuierlich zurück. Als der geschäftsführende Landesvorstand 1963 die Einstellung des Blattes beschloss, ging ein Aufschrei durch die Partei. Noch einmal versuchte die SPD, das Echo als Abendzeitung zu etablieren. Doch auch dieser Versuch schlug fehl, so dass die Zeitung Ende 1966 ihr Erscheinen einstellen musste.

Im Gegensatz zur Entwicklung der Parteiorganisation stand der Erfolg der Hamburger SPD bei den Wählern. 1949 siegte die SPD erneut bei den Bürgerschaftswahlen, aber in den folgenden Jahren brachen für die Partei turbulente Zeiten an. Obwohl die SPD beschlossen hatte, allein zu regieren, bemühten sich Brauer und Nevermann weiterhin, die Regierung auf eine breite Basis zu stellen. Sie plädierten dafür, zwei unabhängige Persönlichkeiten aus dem bürgerlichen Spektrum in den Senat aufzunehmen, um bei der nächsten Wahl auch Stimmen aus diesem Bereich an die SPD zu binden. Aber die Landesdelegierten erteilten dem Vorhaben ihrer Spitzenpolitiker Ende 1950 eine klare Absage: die SPD solle endlich einmal rein sozialdemokratische Politik betreiben. Diese bestand in der Folgezeit vor allen Dingen darin, den Wiederaufbau der Hansestadt konsequent fortzusetzen. An erster Stelle stand dabei der forcierte Wohnungsbau, da immer noch viele Menschen in Notunterkünften oder provisorischen Quartieren leben mussten. Erst an zweiter Stelle rangierte der Schulbau, was innerparteilich zu mancherlei Auseinandersetzungen führte, weil viele Schichtunterricht und Schulraumnot als das dringlichste Problem ansahen. Die Stärkung der Wirtschaftskraft und die Beseitigung der hohen Arbeitslosigkeit zählten weiterhin

Im Vordergrund der SPD-Bundesvorsitzende Erich Ollenhauer mit dem langjährigen Hamburger SPD-Landesvorsitzenden Karl Vittinghoff, der die Partei von 1952–1966 führte.

zu den Prioritäten sozialdemokratischer Politik. Der Senat sparte nicht mit Kritik an der Bundesregierung und sah »Hamburg im Schatten der Bundespolitik« – so der Titel einer Senatsbroschüre, in der akribisch die Benachteiligungen Hamburgs unter anderem im Länderfinanzausgleich, bei der Vergabe von Bundesmitteln für den Wiederaufbau, bei der Zuweisung von Standorten von Bundesbehörden aufgelistet wurden.

Das Verhältnis zur Bundespartei gestaltete sich besonders 1950 als problematisch. Während die Mehrheit der Partei einen Beitritt zum Europarat ablehnte, befürwortete der so genannte »Bürgermeister-Flügel«, bestehend aus Reuter (Berlin), Kaisen (Bremen) und Brauer diese Maßnahme als einen Schritt für weitere politische Handlungsmöglichkeiten. Brauer konnte sich mit dieser Position einer qualifizierten Minderheit der Hamburger Partei sicher sein, zu der auch der junge Schmidt gerechnet werden kann.

Weil der Landesvorsitzende Meitmann seit 1949 ein Bundestagsmandat ausübte, kritisierten viele Funktionäre seine häufige Abwesenheit von Hamburg. Die zunächst gefundene Lösung, die Zahl seiner Stellvertreter auf zwei zu erhöhen, brachte nicht den gewünschten Erfolg. So beschäftigte sich die Partei 1951 intensiv damit, eine Alternative zu Meitmann zu finden, der zunächst nicht bereit war, sein Amt zur Verfügung zu stellen. Als Favorit galt Nevermann, doch als dieser aus Gründen der Arbeitsüberlastung ablehnte, einigte sich die Partei zu den Organisationswahlen 1952 auf den Kompromisskandidaten Vittinghoff. Der gelernte Maschinenbauer, der sich im Kampf gegen den Einfluss der Kommunisten in den Betrieben einen Namen gemacht hatte, festigte in den folgenden Jahren seine Position und blieb 14 Jahre lang Landesvorsitzender.

Schon im Jahr 1952 zeichneten sich die Umrisse eines Lagerwahlkampfes ab, weil sich CDU, FDP, die national-konservative Deutsche Partei und schließlich noch der Bund der Heimatvertriebenen und Entrechteten zum Hamburg-Block gegen die SPD zusammenschlossen. Mit der Zeitung »Der Hanseat«, die in hoher Auflage an die Hamburger Haushalte verteilt wurde, versuchte das Wahlbündnis mit Lügen, Polemik und Unterstellungen, die SPD bei den Wählern zu diskreditieren. Die Vorwürfe reichten von der »Parteibuchwirtschaft« über die angebliche Bevorzugung von Wohnungsbaugesellschaften gegenüber dem privaten Wohnungsbau bis hin zu der infamen Behauptung, Brauer hätte sich gewünscht, dass mehr Bomben auf Hamburg gefallen wären. Die SPD war empört, vermied es aber auf gleichem Niveau zu reagieren, sondern versuchte vielmehr, die Leistungen des Senats in den Vordergrund zu rücken. Das wollte aber nicht in jeder Hinsicht gelingen. Zu einem wichtigen Wahlkampfthema avancierte die 1949 verabschiedete Schulreform, die auch von vielen SPD-Mitgliedern nur halbherzig unterstützt wurde. Schulraumnot, hervorgerufen durch Kriegszerstörungen und wachsende Schülerzahlen, und die ideologisch aufgeladene Debatte über die sechsjährige Grundschule verquickten sich so zu einer gefährlichen Gemengelage gegen die Politik des

Senats. Ob die SPD aufgrund ihrer Schulpolitik möglicherweise Stimmen einbüßte, bleibt Spekulation. Tatsächlich gewann die SPD gegenüber der vorherigen Bürgerschaftswahl 2,4 % Stimmen hinzu und kam nun auf 45,2 %. Gegenüber der nur wenige Wochen zuvor stattgefundenen Bundestagswahl betrug der Zuwachs sogar 7,2 %: dieses Ergebnis sprach dafür, dass die Wähler die Politik des Senates wesentlich besser beurteilten als die Bundespartei. Für einen Wahlsieg gegen das vereinigte bürgerliche Bündnis reichte das Resultat dennoch nicht. Mit 58 gegenüber 62 Bürgerschaftsmandaten für den Hamburg-Block musste die Regierungspartei den Gang in die Opposition antreten.

Die SPD fand sich in ihrer neuen Rolle schnell zurecht und zeigte keinerlei Anzeichen von Resignation. Entgegen der Möglichkeit, sich in den Resten des sozialdemokratischen Milieus einzuigeln, schlug der Landesvorstand vor: Hinein in den Verein. SPD-Mitglieder sollten sich in allen gesellschaftlichen Institutionen engagieren, um dort sozialdemokratische Positionen zu vertreten. Innerparteilich rückte die Bildungsarbeit stärker in den Mittelpunkt. Arbeitsgemeinschaften und Arbeitskreise organisierten Vortragsreihen und Seminare zu ihrem speziellen Themenbereich: zur Rolle der Frau in der heutigen Zeit, zum Wandel des Bildes vom Arbeiter oder zur Bedeutung der Mittelschichten. 1954 gründeten Mitglieder des Landesvorstandes auf Betreiben des Bundestagsabgeordneten Kalbitzer den Verein für politische Bildung »Neue Gesellschaft«, der als Vorfeldorganisation politisch interessierte Menschen für die SPD gewinnen sollte.

Wie auch auf Bundesebene beherrschte die Auseinandersetzung um die Wehrgesetzgebung die politische Debatte in der Hamburger SPD. Hier wie in der Bundestagsfraktion war es der Abgeordnete Helmut Schmidt, der für eine realistische Position in der Frage der Wiederbewaffnung unter einer Adenauer-Regierung warb. Während viele in der Partei einen Wehrbeitrag noch grundsätzlich ablehnten, konzentrierte sich Schmidt schon auf die Frage, wie die Bundeswehr nach sozialdemokratischen Vorstellungen auszugestalten sei. Die Hamburger Partei folgte Schmidt auf einer Landesdelegiertenversammlung 1954, wenn auch mit wenig Begeisterung. Großes Engagement der Parteibasis rief die Verabschiedung des Deutschen Manifestes im Januar 1955 hervor, in dem ein überparteilicher Kreis von Persönlichkeiten vor einem Beitritt der Bundesrepublik in

die NATO und den damit verbundenen Gefahren für eine Wieder-
vereinigung warnte. Genossen und
Genossinnen organisierten zahlreiche Kundgebungen, öffentliche
Diskussionen und Unterschriften-
aktionen gegen die Wiederbewaffnung. Daher reagierten Teile der
Partei mit heftiger Empörung als
Schmidt erklärte, er werde der erste
Abgeordnete sein, der sich freiwillig
zu einer Reserveübung der Streit-
kräfte meldet. Als die Bundestagsfraktion schließlich 1956 der Grund-
gesetzänderung zur Schaffung der
Bundeswehr zustimmte, befürwortete auch die Hamburger SPD trotz
einiger vehementer Kritiker die Haltung der SPD in Bonn.

*Zur Bürgerschaftswahl 1957 warb die Hamburger SPD
mit dem Slogan »Alles für Hamburg!« für ihr
Spitzentrio Adolph Schönfelder, Max Brauer und
Paul Nevermann.*

In der Bürgerschaftsfraktion hatte Nevermann den Vorsitz übernommen,
nachdem Brauer darauf verzichtet hatte. Einige SPD-Senatoren wechsel-
ten in die Deputationen, um dort ihren Nachfolgern Paroli zu bieten. Von
Anbeginn der Opposition gelang es Nevermann mit Witz, Ironie und großer Schlagfertigkeit das bürgerliche Bündnis in die Enge zu treiben. Der
Hamburg-Block hatte einen schlechten Start. So war es dem neuen Senat
unter Sieveking zunächst nicht gelungen, dem Parlament für die Ressorts
Finanzen, Schule und Soziales Kandidaten zu präsentieren. Dem von
Nevermann titulierten »Rumpfsenat« unterliefen in der Folgezeit zahlreiche Fehler und Pannen, die von der SPD geschickt zur eigenen Profilie-
rung ausgenutzt wurden. Bereits ein Jahr nach der Senatswahl musste
der CDU-Bausenator Wilken zurücktreten, weil er den Angriffen seines
Vorgängers Nevermann nicht mehr gewachsen war. Als sich der Senat
unfähig zur Lösung eines Streiks bei der Hamburger Hochbahn zeigte,
kam eine Einigung erst durch einen Vorschlag der SPD zustande. Zu den
Haushaltsberatungen 1956 deckte die SPD auf, dass der CDU-Polizei-
senator von Fisenne interne Ermittlungen gegen den Direktor der
Kriminalpolizei Breuer angestrengt hatte, um ihn entlassen zu können.

Noch während der Sitzung erzwang die SPD den Rücktritt des Senators. Ende Juni 1957 legte schließlich noch der CDU-Jugendsenator Breidenbach sein Amt nieder, nachdem die SPD-Fraktion seine Arbeit und häufige Abwesenheit im Parlament heftig kritisiert hatte. Wenig erfolgreich war hingegen ein Versuch der SPD-Opposition verlaufen, mit Hilfe der rechtsnationalen Deutschen Partei den Hamburg-Block zu spalten und den Senat zu stürzen. Ein von der SPD gestellter Misstrauensantrag gegen die CDU-Senatoren scheiterte, weil die Deutsche Partei ihre anfängliche Zustimmung widerrief, nachdem die Bundesebene der Deutschen Partei interveniert hatte. In der Hamburger SPD stieß das Verhalten der Fraktion auf Unmut, war doch die Deutsche Partei stets als rechtsextrem verdammt worden. Die von Nevermann konzipierte Zielsetzung der SPD, eine »gestaltende Opposition« zu sein, erreichte die Fraktion mit ihrem Entwurf zur Änderung des Mehrheitswahlrechts. Sie kam damit einem Wunsch der FDP nach, die sich stets für ein reines Verhältniswahlrecht ausgesprochen hatte. Bei der Abstimmung über das neue Wahlrecht brach der Hamburg-Block auseinander, weil die FDP sowie Teile der CDU mit der SPD stimmten. Eine Neuauflage des bürgerlichen Bündnisses war damit knapp ein Jahr vor Ende der Legislaturperiode in weite Ferne gerückt. Siegesgewiss blickte die SPD in Richtung Wahlkampf 1957.

Schon vor Beginn des Bürgerschaftswahlkampfes hatte die SPD mit Brauer und Nevermann vereinbart, dass der ehemalige Bürgermeister Ende 1960 sein Amt niederlegen und Nevermann sein Nachfolger werden sollte. Im Wahlkampf warb die SPD aus diesem Grund mit beiden Spitzenpolitikern sowie dem alten Bürgerschaftspräsidenten Schönfelder, was der Partei im November 1957 einen fulminanten Wahlsieg bescherte. Die SPD errang 53,9 % der Stimmen und 69 Bürgerschaftsmandate. Das war gegenüber dem Ergebnis zur Bundestagswahl im September ein Zuwachs von über 8 %. Obwohl die SPD die absolute Mehrheit besaß, beschloss die Partei ohne weitere Diskussionen, eine Koalition mit der FDP einzugehen. Viele der ehemaligen SPD-Senatoren traten wieder in die Regierung ein, neu hinzu kamen Weichmann als Finanzsenator und Weiß, der das Ressort Arbeit und Soziales übernahm. In seiner Regierungserklärung verkündete Brauer, die Aufbauarbeit fortzusetzen. Priorität genossen abermals der Wohnungs- und Schulneubau. Der U-Bahn-Bau sollte forciert und in verschiedenen Bezirken Häuser für kulturelles Leben, die so genannten Hamburg-Häuser, errichtet werden. Große Schwierigkeiten bereitete dem Senat die Verabschiedung des Aufbauplans, der Hamburg zu einer Stadt mit 2,1 Millionen Einwohnern machen sollte. Die Ausweisung von neuen Bauflächen stieß in vielen Stadtteilen, insbesondere bei Behelfsheimern und Schrebergärtnern im Gebiet der späteren City-Nord, auf heftige Proteste. Nur mit Fingerspitzengefühl und großer Dialogbereitschaft schaffte es Bausenator Nevermann, die Konflikte zu lösen.

Hamburg war die Hauptstadt der Kampagne »Kampf-dem-Atomtod«. Am 17. April 1958 strömten 150.000 Menschen auf dem Rathausmarkt zusammen, um gegen die Ausrüstung der Bundeswehr mit atomaren Waffen zu protestieren.

1958 stieg Brauer zum Matador gegen die Atomrüstung auf und machte Hamburg zur Hauptstadt der Anti-Atomtod-Kampagne, die von der SPD ins Leben gerufen worden war. Am 17. April protestierten rund 150.000 Menschen gegen die Ausrüstung der Bundeswehr mit atomaren Waffen, womit die Hamburger SPD ihre hohe Mobilisierungsfähigkeit unter Beweis gestellt hatte. Der Senat verabschiedete ein Gesetz zur Volksbefragung über die Atomrüstung, das jedoch nicht angewendet werden durfte. Das Bundesverfassungsgericht hatte entschieden, dass die Landesverteidigung alleinige Sache des Bundes sei. Während die Bundespartei in der folgenden Zeit die Kampagne allmählich einschlafen ließ, zählte der Kampf gegen die Atomrüstung für Bürgermeister Brauer weiterhin zu seinem politischen Credo. Die Enttäuschung über die Haltung der Bundespartei in der Atomwaffenfrage veranlasste vermehrt Mitglieder der Jungsozialisten, der Falken und des Sozialistischen Studentenbundes, den politischen Kurs ihrer Partei kritisch zu hinterfragen. Konflikte beherrschten von nun an das Verhältnis der Jugendorganisationen zu ihrer Hamburger Partei, was zu einigen Parteiausschlüssen führte. 1961 vollzog auch die Landesorganisation die auf

Bundesebene beschlossene Trennung von ihrer sozialistischen Studenten-
organisation.

Kein Interesse zeigte die Hamburger Landesorganisation an der
Diskussion um ein neues Grundsatzprogramm. Im Januar 1958 waren sich
die Mitglieder des Landesvorstandes darüber einig, dass eine Neujustie-
rung in grundsätzlichen Fragen, die Akzeptanz der Partei beim Wähler
nicht verbessern werde. Daraufhin verabschiedete die Landesdelegiertenversammlung einen Antrag, der die Bundespartei aufforderte, von der
Erarbeitung eines neuen Grundsatzprogramms vorläufig Abstand zu nehmen. Als der Antrag scheiterte, besann sich auch die Hamburger SPD,
mehr oder minder lustlos an der Diskussion um den Entwurf teilzunehmen.
Ein Meinungsumschwung im Landesvorstand zugunsten eines neuen
Grundsatzprogramms trat erst ein, als der Parteivorstand im September
1959 eine neue Fassung vorlegte, an der Braune, Chefredakteur der Hamburger Morgenpost, maßgeblich mitgewirkt hatte. Dennoch stützten
nicht alle Hamburger Bundesparteitagsdelegierten den Kurswechsel der
SPD. Der Bundestagsabgeordnete Blachstein und auch der Vertreter der
Betriebsorganisation Ruhnau kritisierten die Absage der SPD an den
Marxismus als grundlegende Ideologie sowie den Verzicht, Wirtschafts-
unternehmen zu sozialisieren. Beide gehörten zu den nur 16 Parteitags-
delegierten, die dem Godesberger Programm ihre Zustimmung versagten.

Je näher der Zeitpunkt der Demission Brauers rückte, desto verbitterter
reagierte der Bürgermeister auf Nachfragen von Journalisten, wann er
denn seinen Posten räumen würde. Brauers Popularität in der Bevölkerung war weiterhin sehr hoch, was innerhalb der Partei zu allerlei Über-
legungen führte, wie die SPD dieses Plus weiterhin für sich nutzen könnte. Schließlich entschloss sich die Partei, Brauer als Spitzenkandidaten für
die Bundestagswahl 1961 zu nominieren und Nevermann – wie vereinbart – vom Senat zum 1. Januar 1961 zum neuen Bürgermeister wählen
zu lassen. Nevermann hatte einen guten Start. Er pflegte einen kollegia-
leren Stil mit seinen Senatskollegen als sein Amtsvorgänger und legte
Wert auf ein gutes Verhältnis zu den Medienvertretern. Gespräche der
»unmittelbaren Information« mit allen Bevölkerungskreisen, die den
Kontakt zwischen Bürgermeister und Bürgern verbessern sollten, gehörten zu Nevermanns ersten Maßnahmen. In nur zehn Monaten bis zur
nächsten Bürgerschaftswahl brachte der neue Amtsinhaber einige

Großprojekte auf den Weg, die allerdings nur teilweise verwirklicht wurden: Erweiterung des Hafens, Staatsvertrag mit Niedersachsen über den Bau eines Tiefwasserhafens bei Neuwerk sowie erste Planungen für einen Großflughafen bei Kaltenkirchen.

Nachdem es der SPD bei der Bundestagswahl 1961 erstmals gelungen war, alle Hamburger Wahlkreise direkt zu erobern und ihr Ergebnis gegenüber 1957 nochmals zu verbessern, zweifelten Parteianhänger kaum noch am Sieg bei den knapp zwei Monate darauffolgenden Bürgerschaftswahlen. Wiederum konnte die SPD zur Wahl 1957 zulegen, diesmal waren es 3,5 %. Mit 57,4 % der Stimmen und 72 Mandaten eroberte die Lokalpartei erneut die absolute Mehrheit, hatte aber schon im Vorfeld angekündigt, die Koalition mit der FDP fortsetzen zu wollen. Schmidt übernahm das neu geschaffene Amt des Innensenators, Keilhack wurde Senatorin für Jugend und Landwirtschaft und Kramer übernahm die Leitung der Gefängnisbehörde und 1962 die Vertretung beim Bund. Drexelius, der Anfang 1961 von Nevermann das Bauressort übernommen hatte, wechselte auf den Posten des Schulsenators.

Schon drei Monate nach der Wahl musste der neue Senat eine Bewährungsprobe bestehen. Bei der Flutkatastrophe im Februar 1962 verloren über 300 Menschen ihr Leben. In dieser Situation bewies Schmidt großes Organisationstalent und leitete souverän den Einsatz der Rettungsarbeiten. Als Konsequenz der Katastrophe beschloss der Senat, die Deiche zu erhöhen und legte ein großes Hilfsprogramm für die Betroffenen auf. Bereits im Haushalt vorgesehene Bauvorhaben mussten verschoben werden. Insgesamt machte der Aufbau Hamburgs in den folgenden Jahren aber große Fortschritte: neue Großwohnsiedlungen wie Lohbrügge-Nord wurden gebaut und im Hafen übertraf ein Umschlagrekord den vorherigen.

Wahlplakat mit dem Slogan »Wir alle« für die Bürgerschaftswahl 1966. Die Wahl brachte mit 59 % der Stimmen das bislang beste Ergebnis der SPD in der Nachkriegszeit.

Die Hamburger SPD wirbt im Bürgerschaftswahlkampf 1966 für ihren Spitzenkandidaten Prof. Dr. Weichmann.

Überraschend trat Nevermann im Juni 1965 zurück, nachdem die Springer-Presse in diffamierender Weise publik gemacht hatte, dass er von seiner Ehefrau getrennt lebte und eine neue Verbindung eingegangen war. Die Partei hatte ihn vor die Alternative gestellt: Geliebte oder Amt, und der Bürgermeister hatte sich zur Verblüffung seiner Parteigenossen für die Liebe entschieden. Nur knapp ein Jahr später wählten ihn die Landesdelegierten nochmals in ein hohes Amt: in einer Kampfkandidatur gegen Schmidt wurde Nevermann Landesvorsitzender.

Mit Weichmann, dem über alle Parteigrenzen hinweg anerkannten Finanzsenator, fand die Partei schnell einen Nachfolger. Allerdings wurde Weichmann bei seiner Nominierung aufgrund seines Alters nur als Übergangskandidat angesehen. Doch innerhalb kürzester Zeit gewann der neue Bürgermeister, zusammen mit seiner Frau Elsbeth, die Sympathien der Hamburger. Da die Partei sich mit Weichmann nochmals für einen Vertreter der älteren Generation entschieden hatte, übertrug die Fraktion ihren Vorsitz dem relativ jungen Paulig, der eine konsequente Verjüngung von Senat und Fraktion einleitete.

Zur Bundestagswahl 1965 erzielte die SPD ihr bislang bestes Ergebnis: die Partei gewann 48,3 % und wieder alle neun Bundestagswahlkreise. Dass die Hamburger SPD auch ihr Bürgerschaftswahlresultat von 1961 nochmals würde steigern können, erschien unwahrscheinlich und wurde doch Realität. Mit 59 % der Stimmen und 74 Mandaten erreichte die Partei ihr bestes Ergebnis der Nachkriegszeit: es war der Triumph einer – trotz Mitgliederschwunds – immer noch stark lokal verankerten Volkspartei, die kontinuierlich politisch erfolgreich agiert hatte.

Meik Woyke

Generationswechsel und neue Konflikte:
Die SPD in Hamburg 1965–1981

Als Paul Nevermann am 9. Juni 1965 aus privaten Gründen überraschend von seinem Bürgermeisteramt zurücktrat, stand die SPD in Hamburg vor einem schwierigen Problem: Wer sollte die Nachfolge des erfahrenen sozialdemokratischen Politikers übernehmen? Gewählt wurde schließlich der 1896 geborene und damit sechs Jahre ältere Herbert Weichmann, der bereits in der Weimarer Republik als persönlicher Referent des preußischen Ministerpräsidenten Otto Braun politische Erfahrungen gesammelt hatte. Die Chance für eine weithin nach außen sichtbare Verjüngung des Senats blieb vorerst ungenutzt. Allerdings gelang es Weichmann, sich in den folgenden Jahren als kompetenter und integerer Bürgermeister zu profilieren. Eine Übergangslösung in Ermangelung eines geeigneten jüngeren Kandidaten war er mit Sicherheit nicht. Außerdem übernahm mit dem 36-jährigen Heinz Ruhnau eine politisch unverbrauchte Kraft das Innenressort. Zum Vorsitzenden der SPD-Bürgerschaftsfraktion wurde der 1922 geborene Oswald Paulig gewählt. Er gehörte zu jenen Sozialdemokraten, die sich für einen Generationswechsel in Senat, Fraktion und Partei stark machten.

Bei der Bürgerschaftswahl im Jahr 1966 errang die SPD die absolute Mehrheit. Die FDP verlor ein Drittel ihrer bisherigen Mandate und schied aus der mit den Sozialdemokraten gebildeten Regierung aus; derweil formierte sich auf Bundesebene die Große Koalition. Unter den neuen Senatoren in Hamburg befanden sich auffallend viele Nachwuchspolitiker. Dies zeigte allein ein Blick auf die Schlüsselressorts. Für die Wirtschaftsbehörde zeichnete fortan

Bürgermeister Hans-Ulrich Klose im Gespräch mit dem Vorsitzenden der SPD-Bürgerschaftsfraktion Ulrich Hartmann auf dem Bundesparteitag der SPD 1978.

erbert Wehner vertrat im Bundestag von 1949 bis 1983 den Wahlkreis Hamburg-Harburg, den er stets direkt gewann.

der 1926 geborene kaufmännische Angestellte Helmuth Kern verantwortlich, die neu geschaffene Justizbehörde leitete der vier Jahre jüngere Peter Schulz.

Diese Tendenz setzte sich bei dem auf die Bürgerschaftswahl folgenden SPD-Landesparteitag fort. An die Stelle des 67-jährigen Parteivorsitzenden Karl Vittinghoff trat zwar der etwa gleichaltrige Paul Nevermann, der auf diese Weise für sein unglückliches Ausscheiden aus dem Bürgermeisteramt entschädigt werden sollte. Zum stellvertretenden Vorsitzenden wurde jedoch Heinz Ruhnau gewählt. Der gut zehn Jahre ältere Helmut Schmidt, der sich ebenfalls um dieses Amt beworben hatte, konnte sich nicht durchsetzen.

Unterdessen ging die Auflage des »Hamburger Echo« weiter zurück. Alle Versuche, die traditionsreiche Parteizeitung zu retten, zeitigten keinen Erfolg. Im Jahr 1966 musste das SPD-Blatt sein Erscheinen einstellen. Zuvor war es für einige Monate als unpolitisch-unterhaltendes »Abendecho« erschienen.

Die Außerparlamentarische Opposition, die sich als Reaktion auf die Große Koalition gebildet hatte, und die eng mit ihr verbundene Studentenbewegung stellten im letzten Drittel der 60er Jahre auch in Hamburg überkommene Strukturen in Frage. Am 2. Juni 1967 wurde der Student Benno Ohnesorg während einer Demonstration gegen den Besuch des Schahs von Persien in Berlin von einem Polizisten erschossen. Die Proteste richteten sich gegen die militaristische Großmachtpolitik, die der Iran mit Hilfe der USA betrieb. Zwei Tage nach dem Tod von Ohnesorg empfing Bürgermeister Herbert Weichmann den Schah als Staatsgast in der Hansestadt. Die Atmosphäre war aufgeheizt, nicht zuletzt wegen der polarisierenden Berichterstattung der Boulevardpresse, allen voran die BILD-Zeitung. Zahlreiche Studenten brachten ihren Unmut über die Politik des Senats durch Demonstrationen auf dem Rathausmarkt und vor der Staatsoper zum Ausdruck. Der sozialdemokratische Bürgermeister sah darin eine Verletzung der traditionellen Gastfreundschaft seiner Stadt, einzelne Störenfriede hätten das Ansehen Hamburgs sowie der gesamten Bundesrepublik in der Welt beschädigt. Nach dieser Stellungnahme wurde Weichmann massiv kritisiert. Auch Sozialdemokraten warfen ihm vor, politisch unsensibel agiert zu haben. Für die sich weiter radikalisierende Studentenbewegung fehlte ihm auf jeden Fall jegliches Verständnis.

Im November 1967 enthüllte der AStA-Vorsitzende Detlev Albers, seit kurzem SPD-Mitglied, zusammen mit seinem Kommilitonen Gert Hinnerk Behlmer während der Rektoratsübergabe im Audimax der Universität ein Transparent mit der Aufschrift »Unter den Talaren – Muff von 1000 Jahren«. Das Pressefoto, das hierbei entstand, wurde immer wieder abgedruckt und die auf ihm zu lesende, gegen das Beschweigen der NS-Herrschaft gerichtete Sentenz avancierte zum viel zitierten Leitspruch der »68er«-Bewegung. Vor allem die SPD machte es sich zur Aufgabe, diejenigen Studenten, die auf den Boden der Demokratie für gesellschaftliche Veränderungen eintraten, für die parteipolitische Arbeit zu gewinnen.

1968, wenige Monate vor dem Attentat auf den Vordenker der Studenten, Rudi Dutschke, gab sich die SPD in Hamburg ein neues Organisationsstatut. Künftig stellten die Wohnbezirke keine satzungsgemäße Gliederungen mehr dar, wodurch die Distrikte größeres Gewicht erhielten. Außerdem wurde der lange praktizierte Beitragseinzug durch Hauskassierer eingestellt. Zum Landesvorstand gehörten laut Statut nunmehr auch zwei Vertreter der Jungsozialisten. Ihnen wurde allerdings nur eine beratende Funktion zugebilligt. Die Parteisekretäre hießen fortan »Geschäftsführer«, was keinen politischen Fortschritt brachte, aber immerhin zeitgemäß klang.

Angeregt von der Studentenbewegung erprobten die Sozialdemokraten in Hamburg im Bundestagswahlkampf 1969 gezielt neue Methoden, um möglichst viele Stimmen zu gewinnen. Es wurden Straßendiskussionen an Marktständen und Kiosken geführt, Hausbesuche durch Kandidaten organisiert und sozialdemokratische Wählerinitiativen gestartet. Der Einsatz lohnte sich: Nach 20 Jahren musste die CDU aus der

Regierung in Bonn ausscheiden, und der Sozialdemokrat Willy Brandt wurde zum Bundeskanzler einer sozial-liberalen Koalition gewählt. Auch die SPD in der Hansestadt konnte mehr als zufrieden sein. Sie errang zehn Mandate. Zudem stellte sie mit Herbert Wehner, der dem zum Verteidigungsminister ernannten Helmut Schmidt nachfolgte, weiterhin den Fraktionsvorsitzenden.

ürgermeister Herbert Weichmann, der von 1965 bis 1971 die Geschicke der Stadt leitete.

Einige Monate später fanden in Hamburg die nächsten Bürgerschaftswahlen statt. Als der einstige Bürgermeister Paul Nevermann im Frühjahr 1970 das neu gewählte Parlament als Alterspräsident eröffnete, hatte die SPD – bei leichten Verlusten – abermals die absolute Mehrheit erhalten (55,3 % der Stimmen). Die vier Jahre zuvor aus der Regierungskoalition ausgeschiedene FDP wurde trotzdem wieder am Senat beteiligt. Vor allem Helmut Schmidt hatte sich aus bundespolitischen Gründen dafür ausgesprochen. Nach nur elf Tagen waren die Koalitionsverhandlungen abgeschlossen.

Die sozialdemokratische Fraktion hatte sich auffallend verjüngt, was noch auf die Initiative ihres bisherigen Vorsitzenden Oswald Paulig (1965–1970) zurückging. Konkret war das Durchschnittsalter im Vergleich zu 1962 um zehn Jahre auf Ende 40 gesunken. Die bereits in der Weimarer Republik für die Sozialdemokratie aktiven Parlamentarier stellten lediglich noch ein Drittel der Fraktion; die größte Gruppe bildeten nach dem bewusst vollzogenen Generationswechsel die zwischen 1920 und 1940 geborenen Politiker. Zu den jüngsten SPD-Abgeordneten zählten der politisch begabte Diplom-Volkswirt Ulrich Hartmann und Hans-Ulrich Klose, der nach dem Ausscheiden von Gerhard Brandes 1972 den Fraktionsvorsitz übernahm und ein Jahr später zum Innensenator avancierte.

Demgegenüber hatte sich die Frauenquote in den letzten acht Jahren auf zehn Prozent halbiert. Etliche Mitglieder der SPD-Fraktion waren

Verwaltungsangestellte oder Beamte. Unter den in Freien Berufen tätigen Parlamentariern befanden sich einige Ärzte und Rechtsanwälte sowie ein Pastor. Eine »Lehrerpartei« war die SPD zu dieser Zeit nicht. Nur wenige Fraktionsmitglieder übten diesen Beruf aus.

Wie sich zeigte, waren die 70er Jahre eine Dekade der beschleunigten Modernisierung. Die schon in den fünfziger und sechziger Jahren stark ausgeprägte Konsumorientierung der Gesellschaft nahm weiter zu. Gleichzeitig ließ sich in den bildungsnahen Schichten eine Fundamentalpolitisierung beobachten. Es wurden vielfältige Debatten über die Demokratisierung der Gesellschaft geführt. Parallel dazu gewann die neue Ökologiebewegung an Zulauf, speziell nachdem der Club of Rome im Jahr 1972 eindringlich vor den »Grenzen des Wachstums« gewarnt hatte. Der Ölpreis-Schock und die autofreien Sonntage verschärften das Krisenbewusstsein. Nach dem »Wirtschaftswunder« der 50er Jahre und der Rezession 1966/67 erlebte die Bundesrepublik eine lang anhaltende Wirtschaftskrise. Die Beschäftigungszahlen reduzierten sich erheblich, die (Massen-)Arbeitslosigkeit wurde immer mehr zu einem gesellschaftlichen Problem.

Diese vielfältigen Entwicklungstrends und Strömungen boten reichlich Konfliktstoff. Schon in der zweiten Hälfte der 60er Jahre hatte sich in der Sozialdemokratie ein tief greifender Themenwechsel abgezeichnet. Zu den neuen politischen Schwerpunkten gehörten die von der Studentenbewegung bekämpfte Notstandsgesetzgebung und der Vietnamkrieg. Besondere Aufmerksamkeit erlangte außerdem die Bildungspolitik, zu der im Januar 1971 ein Außerordentlicher Landesparteitag stattfand. Die lebhaften Diskussionen kreisten um die Senkung der Klassenfrequenzen, den akuten Lehrermangel und die Einrichtung der ersten Gesamtschulen nach skandinavischem Vorbild. Heftig debattiert wurde auch über das neue Hamburger Hochschulgesetz, das die autoritäre Ordinarienuniversität zu überwinden half. Bildung, so die Devise der SPD, sollte wieder hohe Priorität haben.

In der Regierungserklärung nach der Bürgerschaftswahl 1970 hatte der fast 75-jährige Bürgermeister Herbert Weichmann eine Epoche permanenter gesellschaftlicher Reformen angekündigt. Dieses verhaltene Aufbruchssignal wurde schon bald durch die Krisen der 70er Jahre gedämpft.

Zudem spaltete sich die SPD zunehmend in zwei Lager, was komplizierte Mechanismen zur Herstellung der innerparteilichen Machtbalance notwendig machte. Gerade ältere Sozialdemokraten litten darunter, dass Organe und Beschlüsse der Partei vom erstarkten linken SPD-Flügel vermehrt in aller Öffentlichkeit angegriffen wurden. Offensichtlich hatte der traditionelle Ausgleich zwischen den verschiedenen parteiinternen Strömungen an Verbindlichkeit eingebüßt, mitunter wurde sogar der Presse aus vertraulichen Sitzungen berichtet.

Überdies verhärteten sich die Konflikte zwischen dem SPD-Landesvorstand und den von der Studentenbewegung inspirierten Jungsozialisten. Die Partei zählte für viele »68er« zum städtischen Machtkartell, das es zu brechen galt. Ein wichtiger Streitpunkt war der 1971 in Hamburg beschlossene »Radikalen-Erlass«. Mit seiner Hilfe sollten verfassungsfeindliche Kräfte aus dem Öffentlichen Dienst entfernt beziehungsweise gar nicht erst eingestellt werden. Während die einen den Erlass als Schutz der freiheitlich-demokratischen Grundordnung begrüßten, wurde er von den Jusos als fragwürdige Legitimation für politisch motivierte Berufsverbote bekämpft.

Die Verjüngung der sozialdemokratischen Funktionäre erreichte derweil nicht bloß die Bürgerschaftsfraktion, sondern war auch in der Parteiorganisation auszumachen. Während des SPD-Landesparteitages im Juni 1970 legte Paul Nevermann sein Vorsitzendenamt nieder. Als Nachfolger wurde der 20 Jahre jüngere, ehemalige Fraktionschef Oswald Paulig gewählt. Die sich verfestigende Führungsriege der jüngeren Generation bestand aus Personen mit ganz unterschiedlichen Hintergründen. Zusammenhaltend wirkten weniger inhaltliche Übereinstimmungen als das Bestreben, ein anderes Politikverständnis zu etablieren. Der Ruf nach der Demokratisierung und Modernisierung des Parteilebens, der bis in die Kreise und Distrikte der SPD in Hamburg vordrang, speiste sich aus dem Wunsch nach einer umfassenden Reformpolitik, die zu einer Liberalisierung des politischen Klimas führen sollte.

Zum Beispiel schlug Hans-Ulrich Klose der SPD-Bürgerschaftsfraktion im Jahr 1970 vor, die Aufgaben der Abgeordneten neu zu definieren. Im Mittelpunkt stand dabei die Ausbildung eines eigenen Profils gegenüber dem Senat. Zu den Aufgaben der Fraktion sollte es künftig gehören, politische Initiativen zu entwickeln. Klose und andere jüngere Parlamentarier wollten sogar Alternativen zur Senatspolitik präsentieren dürfen. Diese Forderung nach mehr Eigenständigkeit markierte den Abschied von der bis dahin traditionell praktizierten Einheit von Senat und Fraktion. Im Übrigen kritisierten manche SPD-Abgeordnete die Richtlinienkompetenz und das Informationsmonopol des Fraktionsvorstandes. Jedem Mandatsträger sollte vielmehr das Recht zugestanden werden, sich ohne vorherige Erlaubnis im Plenum zu Wort zu melden. Selbst die Fraktionsdisziplin wurde

Plakat zur Bürgerschaftswahl 1970.

zur Disposition gestellt. Abweichungen von der Parteilinie konnten demnach bei klaren Mehrheitsverhältnissen durchaus akzeptiert werden.

1971 trat Bürgermeister Herbert Weichmann aus Altersgründen zurück. Seine Nachfolge übernahm sein bisheriger Stellvertreter Peter Schulz. Er war 34 Jahre jünger als Weichmann, konnte jedoch ähnlich wie Hans-Ulrich Klose bereits auf eine beachtliche Karriere zurückblicken. Schulz, studierter Jurist und seit 1961 Mitglied der Bürgerschaft, hatte sich nach einem spektakulären Todesfall in einer Haftanstalt als Vorsitzender eines parlamentarischen Untersuchungsausschusses profiliert. In der Folge verschmolz er die Gefängnisbehörde mit der Senatskommission für die Justizverwaltung. Der so entstandenen Justizbehörde stand er seit 1966 als Senator vor, bis ihm sein politischer Ziehvater Weichmann vier Jahre später die Leitung der neu geschaffenen Behörde für Schule, Jugend und Berufsbildung übertrug.

Der von Peter Schulz geleitete Senat führte die Politik von Weichmann fort, setzte aber auch bewusst neue Akzente. Als Wirtschaftssenator blieb Helmuth Kern im Amt, die Schulbehörde übernahm der Sozialdemokrat Günter Apel. Es war die Zeit der Großprojekte. Dazu gehörte die An-

*Bürgermeister Peter Schulz,
der von 1971 bis 1974 amtierte.*

siedlung neuer Betriebe im Hafen, etwa die Hamburger Stahlwerke, ebenso wie das »Hansaport«-Projekt und der Ausbau der Elbe zum Großschifffahrtsweg. Außerdem wurde 1973 ein neuer Flächennutzungsplan verabschiedet, dadurch konkretisierte sich die Planung für den neuen Stadtteil Billwerder-Allermöhe, den unter anderem die SPD-Linke aus dem Kreis Hamburg-Nord verhindern wollte. Der Senat erhoffte sich indessen, die seit Mitte der fünfziger Jahre stark ausgeprägte Suburbanisierung bremsen zu können. Gerade junge Familien mit Kindern favorisierten das »Wohnen im Grünen« und wanderten ins schleswig-holsteinische oder niedersächsische Umland ab, wodurch Hamburg wertvolle Steuereinnahmen verlor.

Die vorgezogene Bundestagswahl im November 1972, bei der die SPD mit dem Motto »Willy wählen« zur stärksten Partei aufstieg, führte in Hamburg nicht zu einem Stimmengewinn. Fortan durften die Sozialdemokraten aus der Hansestadt lediglich neun Abgeordnete stellen, einen weniger als zuvor. Der nicht wiedergewählte Claus Arndt konnte aber 1974 als Nachrücker für Wilhelm Nölling doch noch einmal in den Bundestag einziehen.

Die weit verbreitete Sympathie für den sozialdemokratischen Bundeskanzler Willy Brandt und das eindrucksvolle Wahlergebnis auf Bundesebene bescherten der SPD einen starken Mitgliederzuwachs. 1972 konnte die Partei in Hamburg fast 3.600 Neuaufnahmen verzeichnen, ein Jahr später waren es immerhin noch rund 2.900 Eintritte. Speziell die 21- bis 35-Jährigen fanden zur SPD. Ende 1973 gehörten ihr 36.229 Mitglieder an, 29 % davon (10.541) waren Frauen. Die neuen Genossen sollten durch interessante Diskussionsabende zu aktuellen Themen und Einladungen zu Bildungsveranstaltungen in die Parteiarbeit eingeführt und integriert werden. Jeder erhielt zudem ein von Brandt unterzeichnetes Begrüßungsschreiben sowie eine Broschüre, welche die politischen Ziele und Aufgaben der Sozialdemokratie zusammenfasste. Als noch wichtiger wurden die Betreuung in den Distrikten und die direkte Ansprache erachtet. Die Realisierung dieser Vorsätze gelang jedoch nur in Ansätzen.

Ungeachtet des für die SPD erfreulichen Mitgliederzuwachses nahmen der Umfang und die Schärfe der innerparteilichen Diskussionen fortwährend zu. Auf den zahlreichen, häufig mehrere Tage dauernden Landesparteitagen häuften sich die Kampfabstimmungen. Bis zu neunstündige Grundsatzdiskussionen stellten keine Seltenheit dar. Viel Zeit kostete auch die im linken wie im rechten Lager anerkannte Devise, die Parteibasis möglichst umfassend am politischen Willensbildungsprozess zu beteiligen. Das sozialdemokratische Wahlprogramm für die Bürgerschaftswahl 1974 wurde in 17 Arbeitsgruppen vorbereitet sowie von allen Parteigliederungen und auf zwei außerordentlichen Parteitagen diskutiert, wobei Hunderte von Anträgen zu bewältigen waren. Bei den Wählern konnte der Eindruck aufkommen, die SPD sei weniger mit den Sorgen der Bevölkerung als mit sich selbst beschäftigt.

Auch deshalb erhielt die Partei bei den Bürgerschaftswahlen im März 1974 eine deutliche Quittung. Die SPD verlor mehr als zehn Prozentpunkte und besaß mit 44,9 % der Stimmen und 56 Mandaten zum ersten Mal seit 1957 keine absolute Mehrheit mehr in Hamburg. Für dieses miserable Wahlergebnis, das sich nur zum Teil aus den innerparteilichen Konflikten erklärte, gab es mehrere Gründe. Erstens hatten die soziostrukturellen Veränderungen in den Großstädten zu einer Abnahme des sozialdemokratischen Stammwählerpotentials geführt. Dies betraf zwar letztlich auch die Oppositionsparteien, die SPD hatte es aber darüber hinaus nicht verstanden, ihre Wählerschaft zu mobilisieren. Zweitens spielten in der Endphase des Wahlkampfes bundespolitische Probleme eine Rolle, etwa die überhöhten Erwartungen an Willy Brandt, der zunehmend Ermüdungserscheinungen zeigte. Drittens wurden dem Bürgermeister Peter Schulz unzureichende Führungsqualitäten und mangelnde Ausstrahlung vorgeworfen. Über das Charisma seines Vorgängers verfügte er augenscheinlich nicht.

Die bereits zuvor gepflegte Koalition mit der FDP war jetzt zwingend. Überdies stieß Peter Schulz bei der Senatsbildung auf unerwartete Schwierigkeiten. Der von Delegierten des linken Parteiflügels dominierte Landesparteitag, der seit einigen Jahren über die Vorschläge des SPD-

Oswald Paulig, Landesvorsitzender von 1970 bis 1980, mit dem Bundeskanzler und Hamburger Bundestagsabgeordneten Helmut Schmidt.

Landesvorstands für die Besetzung des Senats entscheiden durfte, verweigerte erstmals zwei Personalvorschlägen die Zustimmung. Klarer und öffentlichkeitswirksamer hätten die Gegensätze in der Partei kaum zu Tage treten können. Der Parteitag wurde vertagt, und der Landesvorstand legte neue Vorschläge vor, so dass doch noch ein neuer Senat gebildet werden konnte. Zweiter Bürgermeister wurde der Mathematikprofessor Dieter Biallas (FDP), als Innensenator amtierte Hans-Ulrich Klose, die Finanzbehörde leitete Hans-Joachim Seeler (SPD).

Unterdessen schwelte in der SPD die Diskussion über die Ursachen der Wahlniederlage, die jedoch nicht zu konkreten Ergebnissen führte, obwohl sich allein vier Landesparteitage mit der als besonders dringlich erachteten Reform der Parteiorganisation beschäftigten. Der SPD-Vorsitzende Oswald Paulig ermahnte seine Genossen, die Streitigkeiten beizulegen oder zumindest in den Hintergrund treten zu lassen und sich auf die Vermittlung der politischen Leistungen der Sozialdemokratie zu konzentrieren. Ansonsten gerate die Handlungsfähigkeit der Partei in Gefahr. Blindwütige Diskussionsfreude und ideologische Detailversessenheit seien fruchtlos.

Im Mai 1974 erschütterte der Rücktritt von Bundeskanzler Willy Brandt nach der Guillaume-Affäre das Selbstvertrauen der Partei. Schon im Jahr zuvor hatte die erste Ölkrise die allgemeine Krisenstimmung verstärkt. Von der Euphorie, die Brandt im Jahr 1969 mit seiner Regierungserklärung (»Mehr Demokratie wagen«) geweckt hatte, war kaum noch etwas zu spüren.

Die Wirtschaftskrise zwang den Senat von Peter Schulz zu drastischen Sparmaßnahmen. Besonders die Verlagerung des Schiffbaus in außereuropäische Länder traf Hamburg hart. Als Schulz keine Einigkeit über das

Ausmaß der Einsparungen bei den einzelnen Behörden erzielen konnte, trat er im November 1974 von seinem Amt als Bürgermeister zurück, auch weil ihn Oswald Paulig, der erst kürzlich zum Fraktionschef avancierte Ulrich Hartmann und Hans-Ulrich Klose – aus unterschiedlichen Motiven – zu diesem Schritt gedrängt hatten. Helmut Schmidt, der Willy Brandt als Bundeskanzler nachgefolgt und mit Schulz befreundet war, kritisierte diese Entwicklung scharf. Zum neuen Bürgermeister wurde der bisherige Innensenator Klose gewählt. Er war etwas jünger als Schulz, ebenfalls Jurist und mit 37 Jahren der jüngste Regierungschef in der Bundesrepublik.

Derweil vertieften sich die Gräben zu den Jungsozialisten. In den Jahresberichten der SPD-Landesorganisation für die Jahre 1976 bis 1978 und 1980 bis 1982 erhielt der Bericht der Jusos einen Vorspann des Landesvorstandes, der sich von den Aussagen und politischen Bewertungen der Jugendlichen distanzierte. Dazwischen war erst gar kein Arbeitsbericht der Jungsozialisten zum Abdruck gekommen. Während sich der SPD-Vorstand an der ideologischen Ausrichtung der Ausführungen störte, hatten sich die Jungsozialisten nicht zu einer Entschärfung ihres Textes bereitgefunden. Für sie war die unveränderte Übernahme des Berichts eine Frage der innerparteilichen Demokratie. Zudem protestierten die Jusos gegen die Parteiordnungsverfahren und Ausschlussdrohungen, welche die mitunter nicht sehr geschickt agierenden etablierten Funktionäre der Landesorganisation gegen sie anstrengten. Laut den Jungsozialisten, die sich weit vom demokratischen Sozialismusbegriff des Godesberger Programms entfernt hatten, berücksichtigte die SPD-Regierungspolitik in Bonn und Hamburg kaum sozialdemokratische Positionen. Deshalb forderten sie die Parteispitze auf, sich künftig auf die kapitalistischen Ursachen von Arbeitslosigkeit und Demokratieabbau zu konzentrieren statt eine arbeitgeberfreundliche Politik des Krisenmanagements und der Sozialpartnerschaft zu betreiben.

Im Februar 1977 beschäftigte sich ein Außerordentlicher Landesparteitag mit der Energiepolitik. Dieses Thema wurde in Hamburg besonders intensiv diskutiert, da in unmittelbarer Nähe der Stadt zwei Atomkraftwerke lagen. Rund 25 % des Strombedarfs in der Hansestadt wurden aus Kernenergie gedeckt.

Der Senat 1966. Die Senatoren von links: Eckström (Ernährung und Landwirtschaft), Kramer (Kultur); oben: Heinsen (Bevollmächtigter beim Bund); unten: Kern (Wirtschaft), Drexelius (Schule), Keilhack (Jugend); Mitte: Weichmann (Bürgermeister), darüber: Schulz (Justiz); unten: Schmedemann (Gesundheit), Brandes (Finanzen), Meister (Bau), Weiß (Arbeit und Soziales), Ruhnau (Inneres).

Wesentlich größeres Aufsehen erregte jedoch der »Deutsche Herbst«. Angesichts einer Serie von RAF-Attentaten, nicht zuletzt der Verschleppung des Arbeitgeberpräsidenten Hanns-Martin Schleyer im Sepember 1977, und der Entführung eines Lufthansa-Flugzeugs nach Mogadischu in Somalia, entbrannte eine lebhafte Debatte über den Schutz der Demokratie und ihrer Bürger gegen extremistische Gewalttäter. Strittig war insbesondere, ob und gegebenenfalls inwieweit das Strafgesetzbuch verschärft werden sollte. Auch über die Ausweitung der Rechte von Polizei und Verfassungsschutz herrschte keine Einigkeit.

Die Bürgerschaftswahl im Juni 1978 brachte der SPD mit 51,5 % der Stimmen und 69 Mandaten die absolute Mehrheit zurück. Hans-Ulrich Klose hatte sich offenbar das Vertrauen der Wähler erworben und konnte als Bürgermeister seine Vorstellungen von der Öffnung der Partei durchsetzen. Fortan regierte die SPD wieder allein, denn die FDP hatte die Fünf-Prozent-Hürde knapp verfehlt. Die Innenbehörde leitete der spätere Landesvorsitzende Werner Staak, für das Finanzressort zeichnete Wilhelm Nölling verantwortlich.

In den folgenden Jahren fiel Klose, einst jugendlicher Hoffnungsträger des rechten Parteiflügels, durch mehrfache Richtungswechsel und extreme Positionen auf. Umgeben von einer eher linksorientierten Beratermannschaft bezeichnete er den Staat als »Reparaturbetrieb des Kapitalismus« und zeigte damit eine gewisse Affinität zu den Analysen der Stamokap-Theorie. Außerdem spielte er mit dem Gedanken, den »Radikalen-Erlass« zu lockern, indem die vor Verbeamtungen und Einstellungen im Öffentlichen Dienst obligatorische Regelanfrage beim Landesamt für Verfassungsschutz abgeschafft werden sollte. Bei Personalentscheidungen versuchte Klose immerhin, die verschiedenen Strömungen in der Partei, etwa die Linke mit Ortwin Runde, angemessen zu berücksichtigen. Doch auch dies konnte ihn Sympathien kosten.

Der neue Kurs des Bürgermeisters verschreckte die Wirtschaft, was im Zusammenspiel mit der ohnehin angespannten ökonomischen Lage zu einem Rückgang der in Hamburg getätigten Investitionen führte. Im Dezember 1978 titelte die Tageszeitung »Die WELT« über Klose: »Unter grellen Scheinwerfern ein bißchen Missionar, ein bißchen Mephisto«, während sich ein Senatsmitglied öffentlich über die vielen politischen Kehrtwendungen des Bürgermeisters und die Überstrapazierung der Parteisolidarität mokierte. Selbst die SPD-nahe Hamburger Morgenpost fragte knapp: »Was ist los mit Klose?«.

Überdies stand die SPD in Hamburg bei der Aufstellung der Kandidaten für die Bundestagswahl 1980 vor einer Zerreißprobe. Bei früheren Urnengängen waren in den Wahlkreisen nach althergebrachtem Muster nur Männer nominiert worden. Sie nahmen zudem üblicherweise die ersten Plätze auf der Landesliste ein. Nun schaffte es die Arbeitsgemeinschaft sozialdemokratischer Frauen, diese Tradition zu brechen. Sie beanspruchte Erfolg versprechende Listenplätze und setzte dies nach heftigen Auseinandersetzungen auch durch – ein weiteres Symptom für die fortschreitende Differenzierung der SPD in Interessengruppen und Zirkel.

Im Jahr 1981 spitzte sich in der Bundesrepublik die Diskussion über den richtigen Weg in der Sicherheits- und Verteidigungspolitik zu. Der von Helmut Schmidt zwei Jahre zuvor mitherbeigeführte NATO-Doppelbeschluss, den nicht bloß die Jungsozialisten dezidiert ablehnten, provozierte fast die Spaltung der SPD. Angesichts der drohenden Stationierung von US-amerikanischen Atomraketen auf deutschem Boden als Gegengewicht zur Sowjetunion kam es in unzähligen Parteiversammlungen zu emotionalen Debatten und Protesten. In der Öffentlichkeit verfestigte sich der Eindruck, die SPD wolle Regierungs- und Oppositionspartei zugleich sein.

Unterdessen setzte sich in Hamburg die Auseinandersetzung über die Kernkraft fort. Besonders erregt wurde über die Frage gestritten, ob sich die Stadt weiterhin am Bau des Atomkraftwerks Brokdorf an der Unterelbe beteiligen sollte. Als Bürgermeister Klose im Senat keine Mehrheit für den von ihm favorisierten Ausstieg aus dem Projekt fand, trat er im Mai 1981 zurück. Zwar hatte er im Senat letztlich eine Mehrheit von einer

Wahlkampf auf der Straße, um 1970.

Stimme erlangen können, der SPD-Landesvorstand und die Bürgerschaftsfraktion gaben ihren Widerstand jedoch nicht auf. Mehr als zehn sozialdemokratische Parlamentarier hatten den Medien gesteckt, der Vorlage von Klose aus Gewissensgründen nicht folgen zu können. Wenig später legten die Mitglieder des Landesvorstands ihre Ämter auf einem Sonderparteitag geschlossen nieder.

Die innerparteilichen Gegensätze hatten sich im Laufe der 70er Jahre enorm verhärtet. Nach dem Generationswechsel zu Beginn der Dekade wurden die nun in der Verantwortung stehenden Sozialdemokraten mit einer veränderten ökonomischen und gesellschaftlichen Lage konfrontiert. Dies ließ neue Konflikte entstehen und erforderte kluge politische Antworten. Nicht immer vermochte die SPD zu überzeugen. Die zunehmende Polarisierung zwischen den Parteiflügeln lähmte die Sacharbeit. Anstatt zeitgemäße Politikkonzepte zu entwickeln, rieben sich die Entscheidungsträger oftmals in einer der zahllosen Krisensitzungen und Intrigen auf. Optimale Bedingungen für die erfolgreiche Ausgestaltung von Politik waren das nicht.

Michael Schütze

1981–2001: Regierungspartei in schwieriger Zeit

Das traditionelle Erfolgsrezept der Hamburger SPD, wirtschaftliche Leistungsfähigkeit mit sozialer Sicherheit zu verbinden, geriet Ende der 1970er Jahre in Gefahr. Der Rückgang der Industriearbeiterschaft und der Trend zur Dienstleistungsgesellschaft lösten allmählich die klassischen sozialdemokratischen Milieus auf. Erschwerend kamen eine links von der SPD umweltpolitische Themen in den Vordergrund stellende Bewegung, Flügelkämpfe und verkrustete Parteistrukturen hinzu. Und der 2. Ölpreisschock 1979 löste eine Wirtschaftskrise aus, die zum Anstieg der Arbeitslosenzahlen von knapp 890.000 im Jahre 1980 auf über 1,8 Millionen 1982 führte.

Klaus von Dohnanyi (1981–1988): »Hamburger Verhältnisse« und das »Wunder von Hamburg«

Heftige innerparteiliche Grabenkämpfe über die Beteiligung der HEW an Bau und Betrieb eines Atomkraftwerkes in Brokdorf führten am 25. 5. 1981 zum Rücktritt von Bürgermeister Hans-Ulrich Klose und verhinderten eine interne Nachfolgeregelung. So entschied sich die SPD für Klaus von Dohnanyi, geboren am 23. 6. 1928 Der promovierte Jurist und Yale-Absolvent war seit 1969 Bundestagsabgeordneter, von 1972 bis 1974 Bundesminister für Bildung und Wissenschaft und ab 1976 Staatsminister im Auswärtigen Amt. Dohnanyi galt als kreativ und integrativ. Mit seinem zuweilen elitären Habitus passte er ideal in das Bild eines hanseatischen Bürgermeisters. Insofern war seine Wahl zum Ersten Bürgermeister am 24. 6. 1981 ein Glücksfall für die kriselnde Hamburger SPD.

Im ersten Dohnanyi-Senat waren Helga Elstner Zweite Bürgermeisterin und Gesundheitssenatorin, Eva Leithäuser Justizsenatorin, Joist Grolle Senator für Schule und Berufsbildung, Jan Ehlers Senator für Arbeit, Jugend und Soziales, der parteilose Hansjörg Sinn Senator für Wissenschaft und Forschung, Jürgen Steinert Senator für Wirtschaft, Verkehr und Landwirtschaft, Wolfgang Curilla Senator für Bezirksangelegenheiten, Naturschutz und Umweltgestaltung, Wolfgang Tarnowski Kultur-, Volker Lange Bau-, Alfons Pawelczyk Innen- und Wilhelm Nölling Finanzsenator sowie Günter Apel Bevollmächtigter beim Bund.

Zunächst führte die Zerstrittenheit der Partei zum Rücktritt des Landesvorstandes um Werner Staak und zu einer Kampfkandidatur um den Landesvorsitz, bei der sich Jörg König gegen Ortwin Runde durchsetzte. Mit der Besetzung von Häusern an der Hafenstraße begann im Herbst 1981 ein Problem, das die Hamburger Politik die nächsten Jahre massiv beschäftigen sollte. Zudem hatte sich die Zahl der Arbeitslosen auch in Hamburg von 1980 bis 1982 auf über 50.000 mehr als verdoppelt. Auch verlor die SPD-geführte Bundesregierung des Hamburgers Helmut Schmidt rapide an Ansehen wegen der Auseinandersetzungen um die Haushaltssanierung und den NATO-Doppelbeschluss, so dass die SPD im April 1982 in Meinungsumfragen bundesweit nur bei 33 % lag, die CDU jedoch bei 50 %.

»Hamburger Verhältnisse«

Daher endeten die Wahlen zur Hamburger Bürgerschaft am 6. 6. 1982 mit einem Desaster für die SPD, die fast neun Prozentpunkte und die absolute Mehrheit verlor. Mit nur noch 42,7 % der Stimmen und 55 Sitzen wurde sie von der CDU überholt, die der SPD 35.000 Stimmen abjagte und auf 43,2 % und 56 Sitze kam. Auch der erst am 13. März gegründeten Grün-Alternativen Liste (GAL) gelang es, der SPD mit Themen wie Elbverschmutzung, Brokdorf und Hafenerweiterung 20.000 Stimmen abzunehmen und mit 7,7 % und 9 Sitzen erstmals ins Parlament einzuziehen. Die FDP (4,9 %) scheiterte an der 5 %-Hürde. Damit begannen die bald bundesweit berüchtigten »Hamburger Verhältnisse«, d. h. die Unregierbarkeit der Stadt. Begünstigt wurde das durch die in der Verassung verankerte starke Stellung des Hamburger Senates, der bis zur Verfassungsänderung 1996 gemäß Artikel 35 »ewig« war, also bis zur Wahl eines neuen Senates im Amt blieb. Da die CDU keine regierungsfähige Mehrheit bilden konnte – ein SPD-Landesparteitag hatte Koalitionen mit

Helga Elstner, *Zweite Bürgermeisterin von 1978 - 1984 und Senatorin für Gesundheit von 1976–1984.*

CDU und GAL abgelehnt – und auch mehrwöchige Verhandlungen über einen von der GAL tolerierten SPD-Minderheitssenat scheiterten, kam es bald zu Neuwahlen.

Dabei profitierte die SPD davon, dass durch den Wechsel der FDP zur CDU Helmut Kohl am 1. 10. 1982 Helmut Schmidt, den beliebtesten deutschen Politiker, als Bundeskanzler abgelöst hatte. Durch den »Schmidtleidseffekt« und die sozialen Einschnitte der Kohl-Regierung konnte die SPD am 19. 12. 1982 65.000 Nichtwähler reaktivieren (Wahlbeteiligung 84 % statt 77,8 %) und so mit 51,3 % und 64 Sitzen wieder die absolute Mehrheit erringen. Die CDU sackte ab auf 38,6 % (48 Sitze), die GAL auf 6,8 % (8 Sitze) und die FDP auf 2,6 %.

Der am 2. 2. 1983 gewählte Senat unterschied sich nicht sehr von seinem Vorgänger. Eugen Wagner und Jörg Kuhbier (zuständig für Wasser, Stadtentsorgung und Energie) übernahmen die Bau-, Jörg König die Finanz-, die parteilose Helga Schuchardt die Kulturbehörde und Christine Maring die Vertretung beim Bund. Im Mai 1984 wurden Horst Gobrecht Finanzsenator, im Juni Maring Gesundheitssenatorin, Klaus Michael Meyer-Abich Senator für Wissenschaft und Forschung, Alfons Pawelczyk Zweiter Bürgermeister und Bevollmächtigter beim Bund sowie Rolf Lange Innensenator. Zum Nachfolger Königs als Landesvorsitzender – in der SPD war es nicht üblich, Landesvorsitz und Senatsamt zu verbinden – wurde am 22. 4. 1983 Ortwin Runde gewählt.

Der neue Senat schloss mit den Besetzern der Hafenstraßenhäuser 1983 auf drei Jahre befristete Mietverträge ab. Doch bald gehörten Polizeieinsätze, meist ausgelöst durch Autoaufbrüche, und Straßenschlachten zum Alltag. Für die Springer-Presse entstand hier ein »rechtsfreier Raum«, der die Stadt in Gegner und Befürworter einer Räumung teilte. Gravierender war das Haushaltsdefizit infolge der Wirtschaftskrise, die in Hamburg die Arbeitslosenzahl bis 1986 auf über 90.000 (Quote: 13 %) anschwellen ließ. Um den Haushalt zu konsolidieren, setzte der Senat auf einen strikten Sparkurs, der auch vor sozialen Einschnitten nicht Halt machte. Die Anhebung vieler Gebühren, besonders die Verdoppelung der Hundesteuer, und die Kürzungen bei den Kindertagesstätten lösten die größten Proteste aus. Mit einer konsequenten Standortpolitik

(»Unternehmen Hamburg«) sollte die Stadt zudem attraktiv gemacht werden für neue Gewerbeansiedlungen. Auf Umweltskandale wie die undichte Dioxin-Giftmülldeponie in Georgswerder reagierte der Senat, indem er 1984 das Dioxin erzeugende Boehringer-Werk durch strenge Umweltauflagen zur Schließung zwang und das bundesweit erste in sich geschlossene umweltpolitische Konzept vorlegte.

Bis Juni 1986 sah es nach einem ungefährdeten Wahlsieg im Herbst aus. Doch der »Hamburger Kessel« am 8. 6. 1986, bei dem die Polizei mehr als 800 Atomkraftgegner auf dem Heiligengeistfeld für mehrere Stunden rechtswidrig festhielt, und das Drama um den »St.-Pauli-Killer« Werner Pinzner, der am 29. 7. 1986 im Polizeipräsidium den Staatsanwalt, seine Frau und sich selbst erschoss, veranlassten Innensenator Rolf Lange und Justizsenatorin Eva Leithäuser am 6. August zum Rücktritt. Doch Dohnanyis Versuch, im Bereich Innere Sicherheit nicht »zu schlapp« zu erscheinen, misslang auch wegen der Kampagne der Springer-Presse, die Hamburg als Eldorado für Verbrecher darstellte und dabei auch auf die Hafenstraße verwies. Überdies verprellten Krise und Misswirtschaft des Wohnungsbauunternehmens »Neue Heimat« (NH) viele Stammwähler.

So erlitt die SPD am 9. 11. 1986 erdrutschartige Verluste. Sie verlor 55.000 Stimmen an die Nichtwähler (Wahlbeteiligung: 77,8 %) und 32.000 an die CDU. Mit nur noch 41,7 % und 53 Sitzen wurde die SPD lediglich zweitstärkste Partei hinter der CDU (41,9 %, 54 Sitze). Die GAL erzielte 10,4 % (13 Sitze) und die FDP 4,8 %. Da die GAL keine Koalition wollte und sich auch SPD und CDU nicht einigen konnten, folgten abermals »Hamburger Verhältnisse«. Die SPD regierte mit einem »ewigen« Minderheitssenat und wechselnden Mehrheiten weiter, bis es schließlich erneut zu vorgezogenen Neuwahlen kam.

Mit einem bürgernahen Wahlkampf, in dem sich Dohnanyi für eine sozialliberale Koalition aussprach und den Kauf der Hamburger NH-Wohnungen durch die Stadt versprach, wurde die SPD am 17. 5. 1987 mit 45 % und 55 Sitzen wieder stärkste Partei. Die GAL verlor wegen ihrer Verweigerungshaltung 24.000 Stimmen an die SPD und rutschte auf 7 % (8 Sitze) ab. Von den Verlusten der CDU (40,5 %, 49 Sitze) profitierte die FDP (6,5 %, 8 Sitze). Nach zähen, dreimonatigen Koalitionsverhandlungen einigten sich SPD und FDP auf eine Koalition. Die »Hamburger Verhältnisse« waren damit beendet.

In dem am 2. 9. 1987 gewählten Senat stellte die FDP zwei Senatoren, Ingo von Münch (Wissenschaft, Forschung und Kultur sowie Zweiter Bürgermeister) und Wilhelm Rahlfs (Wirtschaft). Neu bei der SPD waren Elisabeth Kiausch (Finanzen), Rosemarie Raab (Schule), Volker Lange (Inneres) und Jörg Kuhbier (Umwelt).

Das »Wunder von Hamburg«

Kaum war der Senat im Amt, eskalierte der Streit um die Hafenstraße. Während Springer-Presse und CDU-Opposition die »Chaoten-hochburg« räumen lassen wollten, setzten sich Kulturschaffende, linke Politiker und allen voran Dohnanyi für eine friedliche Lösung ein. Die SPD war in dieser Frage tief gespalten. Ende September versprach der Senat den Pachtver-trag, den Dohnanyi seit Ende Juli mit den Bewohnern ausgehandelt hatte, vorausge-

Klaus von Dohnanyi, *Bürgermeister von 1981–1988, setzte neue Schwerpunkte in der Wirtschaftspolitik und versuchte, den Konflikt mit der Hafenstraße zu bereinigen.*

setzt, dass bis zum 31. Oktober die zwischenzeitlich errichteten Befes-tigungen in den Häusern abgebaut würden. Die Hafenstraßenbewohner wollten aber erst den Pachtvertrag und dann die Entfestigung. So wur-den in der Nacht zum 12. November Barrikaden errichtet. Die Stadt zog 6000 Polizisten in Hamburg zusammen. Dann fasste Dohnanyi, der zu die-sem Zeitpunkt im Senat schon keine Mehrheit mehr für seine friedliche Lösung hatte, einen Entschluss. Um die »mit einer Räumung verbundene Gefahr von Gewalt« zu verhindern, stellte er am 17. November ein Ultimatum. Bis zum nächsten Tag um 14 Uhr müssten die Barrikaden abgebaut und die Straßen geräumt, bis zum 19. November Häuser und Wohnungen begehbar sein, dann werde der Senat einen »rechts-wirksamen Pachtvertrag« unterzeichnen. »Dafür verpfände ich mein poli-tisches Wort. Dafür werde ich mein Amt als Bürgermeister dann in die

Waagschale werfen.« So kam es zum »Wunder von Hamburg«. Am
18. November wurden die Barrikaden geräumt, am Folgetag die zweite
Bedingung erfüllt und die Häuser an den »Verein Hafenstraße« verpachtet.

Ein unbequemer Koalitionspartner war die konservative Hamburger
FDP, die zum Entsetzen der SPD in den Koalitionsverhandlungen durchgesetzt hatte, den 1986 von der SPD beschlossenen Ausstieg Hamburgs
aus der Kernenergie zu verschieben, die Gewerbesteuer zu senken und
Staatsvermögen wie die Gaswerke zu privatisieren. Immerhin konnte die
SPD im März 1988 ein wichtiges Wahlversprechen einlösen, als der Senat
den Kauf der 41.600 NH-Wohnungen beschloss. Nach 20 Jahren in der
Politik kündigte Dohnanyi dann am 10.5.1988 überraschend seinen
Rücktritt an, um »die schwierige Aufgabe der Führung meiner Vaterstadt
jüngeren Händen« anzuvertrauen.

Dohnanyis großes Verdienst war es, Hamburg und die SPD sicher durch
politisch schwere See navigiert und eine potentiell verhängnisvolle Situation am Hafenrand entschärft zu haben. Die Partei selbst kam ein wenig
zur Ruhe, auch wenn die Flügelkämpfe nicht aufhörten. Und die Zahl der
Mitglieder ging von 27.572 Ende 1981 über
25.885 Ende 1984 auf nur noch 23.982 Ende
1987 zurück.

Henning Voscherau (1988–1997):
Der Visionär der Hafencity

Nachfolger Dohnanyis wurde der langjährige
Fraktionsvorsitzende (1982–1987) Henning
Voscherau, geboren am 13.8.1941 in Hamburg, ein promovierter Jurist. Auch Voscherau
verkörperte mit seiner nüchternen, kühlen
und beherrschten Art das klassische Hanseatentum. Sein elegantes Auftreten, gepaart
mit rhetorischem Talent, prädestinierte ihn
geradezu für das Amt des Ersten Bürgermeisters, in das er am 8. Juni 1988 gewählt
wurde. Neu im Senat waren auch Hans-Jürgen
Krupp (Finanzen), Werner Hackmann (Inneres)
und Ortwin Runde (Sozialbehörde).

*Henning Voscherau, amtierte als
Bürgermeister von 1988–1997 und entwickelte den Plan von der Hafencity.*

Am 26. Juni wurde mit Traute Müller erstmals
eine Frau in den Vorsitz eines SPD-Landes-
verbandes gewählt. Bei ihrer Wiederwahl am
10. 11. 1989 musste sie sich allerdings in einer
Kampfkandidatur gegen Eva Leithäuser behaupten.

Für Voscherau war die Ausgangslage günstig.
Hamburg erlebte Ende der 1980er Jahre einen
außergewöhnlichen Boom. Wie kaum eine
andere Stadt profitierte Hamburg dabei vom
Fall des Eisernen Vorhangs 1989 und von der
deutschen Einheit 1990, weil es so sein natürli-
ches Hinterland zurückerhielt und in den
»Mittelpunkt eines neu zusammenwachsen-
den einheitlichen, starken Wirtschafts- und
Handelsraumes« (Voscherau) rückte. Der
Hafen brummte, die Baubranche boomte und
die Arbeitslosigkeit sank von 1987 bis 1992 auf
rund 55.000. Im Wahljahr 1991 half der SPD

Jörg Kuhbier, Bausenator von 1983–1987,
Umweltsenator von 1987–1991 und
Landesvorsitzender der Hamburger SPD
von 1994–2000

zudem die »Steuerlüge« (»Bild«) der Regierung Kohl, die im Bundestagswahlkampf 1990 versprochen hatte, die Deutsche Einheit ohne die
Erhöhung von Steuern zu finanzieren, was sie dann nach der Wahl doch
in erheblichem Umfang tat. Binnen weniger Monate veränderte sich daraufhin das politische Klima.

So holte die SPD bei der Bürgerschaftswahl am 2. 6. 1991 mit 48 % die
absolute Mehrheit der Sitze (61), wobei sie insbesondere der CDU (35,1 %)
Stimmen abnahm. Die GAL (7,2 %) gewann leicht, die FDP (5,4 %) verlor.
Alarmierend waren die historisch niedrige Wahlbeteiligung von 66,1 %
und der hohe Stimmenanteil der »sonstigen Parteien« (4,3 %).

Im neuen Senat, der am 26. 6. 1991 gewählt wurde, blieben nur Rosemarie Raab (Schule), Ortwin Runde (Sozialbehörde), Eugen Wagner (Bau)
und Werner Hackmann (Inneres) in ihren Ämtern. Wolfgang Curilla wechselte in die Finanz- und Hans-Jürgen Krupp, der auch Zweiter Bürgermeister wurde, in die Wirtschaftsbehörde. Neu waren Fritz Vahrenholt
(Umwelt), Lore Maria Peschel-Gutzeit (Justiz), Leonhard Hajen (Wissen-

schaft und Forschung), Peter Zumkley (Bevollmächtigter beim Bund) und die parteilose Christina Weiss (Kultur). Und da Traute Müller die Behörde für Stadtentwicklung übernahm, wurde am 22. 11. 1991 Helmuth Frahm zum neuen Landesvorsitzenden gewählt.

In Folge der deutschen Einheit kamen Tatsachen ans Licht, die große Bestürzung auslösten, denn Genossen und Genossinnen, die jahrzehntelang in der Partei aktiv gewesen waren, hatten als Informanten der Stasi Interna aus der Hamburger SPD berichtet. So u.a. auch der Lebensgefährte von Traute Müller, die deshalb von ihrem Amt zurücktrat.

Die Unzufriedenheit in der Bevölkerung, die sich schon im Wahlergebnis angedeutet hatte, wurde durch einen instinktlosen »Diätenskandal« verstärkt. Nur weil der Aufschrei in der Stadt und an der Parteibasis so groß war, stoppten SPD-Fraktion und Senat im Dezember 1991 die zuvor von SPD und CDU beschlossenen Erhöhungen der Diäten und Pensionsansprüche. Die Verdoppelung der Asylbewerberzahlen von 1990 bis 1992 – für mehr als 60 % der Deutschen das wichtigste Problem – heizte in Deutschland zusätzlich die Stimmung an und damit die Fremdenfeindlichkeit, die sich in Anschlägen auf Asylbewerberheime und Ausländer entlud. 1992 schlitterte dann die Wirtschaft in eine Krise, so dass die Arbeitslosigkeit bis 1993 wieder auf über 60.000 anstieg. Knapp werden der Wohnraum und steigende Mieten in Hamburg, dessen Einwohnerzahl von 1988 bis 1993 um rund 100.000 anwuchs, verschärften die Lage.

AvS - Arbeitsgemeinschaft
ehemals verfolgter Sozialdemokraten

Stand der Arbeitsgemeinschaft ehemals verfolgter Sozialdemokraten u.a. mit den Aktivisten Heinz Gärtner (rechts) und Jens Burmester (links).

In dieser ungünstigen Situation erklärte das Hamburgische Verfassungsgericht am 4. 5. 1993 die Bürgerschaftswahl von 1991 für ungültig, weil es bei der Kandidatenaufstellung der CDU »schwere Verstöße gegen demokratische Wahlrechtsgrundsätze gegeben« habe. »CDU-Rebell« Markus Wegner hatte gegen die »mafiaähnlichen Zustände« in der CDU geklagt. Damit musste erstmals in Deutschland eine Landtagswahl wiederholt werden!

Im Wahlkampf machten die rechtsextremen Parteien mit Stammtischparolen zu Asylbewerbern, Migranten und Kriminalität Stimmung gegen die etablierten Parteien, wovon auch die von Wegner erst im Juni gegründete STATT-Partei profitierte. Mit 5,6 % und 8 Sitzen zog diese am 19. 9. 1993 in die Bürgerschaft ein, wobei sie besonders von der CDU (25,1 %, 36 Sitze) und der FDP (4,2 %) Stimmen abzog. Die SPD kam nur noch auf 40,4 % (58 Sitze), weil sie 23.000 Stimmen an die GAL (13,5 %, 19 Sitze) und – vor allem in Arbeiterstadtteilen und Großsiedlungen – 20.000 an »Republikaner« (4,8%) und DVU (2,8 %) abgab. Das Schutzbedürfnis der Bewohner gerade dieser Stadtteile, konnte die SPD immer weniger erfüllen.

Nachdem Koalitionsverhandlungen mit der GAL Mitte November an den vor der Wahl von Voscherau formulierten »Knackpunkten« (Hafenerweiterung, 4. Elbtunnelröhre, Elbvertiefung und Räumung der Hafenstraße) gescheitert waren, einigte sich die SPD rasch auf eine »Kooperation« mit der STATT-Partei.

In den 1990er Jahren feierte die Hamburger SPD mit allen Organisationen und Gliederungen ein Fest auf dem Platz der Republik in Altona.

Diese war im neuen, am 15. 12. 1993 gewählten Senat mit zwei Parteilosen, Erhard Rittershaus (Zweiter Bürgermeister und Wirtschaftssenator) und Klaus Hardraht (Justiz), vertreten. Neu bei der SPD waren Thomas Mirow (Stadtentwicklung) und Helgrit Fischer-Menzel (Soziales). Runde übernahm die Finanzbehörde. Im September 1994 wurde Hartmuth Wrocklage neuer Innen-, im September 1995 der parteilose Wolfgang Hoffmann-Riem neuer Justizsenator.

Im Januar 1994 verzichtete Helmuth Frahm auf eine erneute Kandidatur für den Landesvorsitz. Nach einem Mitgliederentscheid wurde Jörg Kuhbier am 23. 4. 1994 zum Nachfolger Frahms gewählt.

SPD-Infostand im Hamburger Stadtpark 1998 u. a. mit Heinz Gärtner und Jan Quast.

Der »rot-graue« Senat arbeitete reibungslos, obgleich sich die STATT-Partei bald zerstritt, Wegner die Partei verließ und diese bis 1995 zwei weitere Abgeordnete und damit den Fraktionsstatus verlor. Da die STATT-Partei sich in den Koalitionsverhandlungen für eine friedliche Lösung des Hafenstraßen-Problems eingesetzt hatte, wurden die Häuser 1995 an die Genossenschaft »Alternativen am Elbufer« verkauft. Mit dem Bau der 4. Elbtunnelröhre, 2002 fertiggestellt, und der Elbvertiefung wurden zwei »Knackpunkte« auf den Weg gebracht. Im sozialen Bereich ging der Senat das Wohnungsproblem an – von 1992 bis 1995 erhöhte sich die Zahl der bezugsfertigen Wohnungen von 7471 auf 9750 – und startete das Programm der sozialen Stadtteilentwicklung, um benachteiligte Quartiere zu verbessern. Geradezu visionär war die Idee der »Hafen-City«, die Voscherau am 21.5.1997 der Bürgerschaft präsentierte. Die Hamburger Innenstadt solle für »metropoltypische Wirtschaftszweige und für zentrumsnahes Wohnen am Elbufer« um 40 % erweitert werden, um »Hamburgs Attraktivität als eine der schönsten europäischen Metropolen am Wasser« zu stärken. Für das »Generationenprojekt« war ein 155 ha großes Gebiet mit 100 ha Entwicklungsflächen im innerstädtischen Hafenrand vorgesehen.

Im Wahljahr 1997 war laut Umfragen die Arbeitslosigkeit, die seit dem Konjunktureinbruch 1992/1993 kontinuierlich auf jetzt über 90.000 angestiegen war, das größte Problem für die Menschen, weit vor der Kriminalität, die durch die offene Drogenszene im Schanzenviertel, in St. Georg und am Hauptbahnhof sichtbar war. Voscherau stellte die innere Sicherheit ins Zentrum seines Wahlkampfes, aber in diesem Bereich wurde der CDU die Kompetenz zugesprochen. Die Schwerpunktsetzung durch die SPD kam zu spät und wurde von der Partei nicht mitgetragen, so dass die SPD trotz eines positiven Bundestrends bei der Bürgerschaftswahl am

21. 9. 1997 mit 36,2 % (54 Sitze) ihr bis dahin schlechtestes Ergebnis einfuhr, da sie allein 20.000 Stimmen an die CDU (30,7 %, 46 Sitze) verlor. Die GAL erzielte mit 13,9 % (21 Sitze) ein Rekordergebnis, während STATT-Partei (3,8 %), FDP (3,5 %), DVU (4,9 %) und »Republikaner« (1,8 %) an der 5%-Hürde scheiterten. Die »Sonstigen« erhielten 5,2 %. Noch am Wahlabend trat Voscherau zurück, weil seine persönliche »Schmerzgrenze« erreicht sei.

Im Mai 1991 richtete die Hamburger SPD im Kurt-Schumacher-Haus das »Zentrale Bürgerbüro« ein. Bis heute finden hier Menschen Ansprechpartner für ihre Sorgen und Nöte.

Voscherau hatte früh erkannt, welche Chancen die Umwälzungen in Osteuropa Hamburg boten, brachte wichtige Projekte auf den Weg und entwarf die visionäre Idee der Hafen-City. Doch fand er kein Mittel gegen die Erosion der sozialdemokratischen Wählerbasis. Die SPD verlor allmählich Stammwähler und gleichermaßen stetig Mitglieder. Deren Zahl sank von 23.458 Ende 1988 auf 21.938 Ende 1991 und Ende 1996 waren es nur noch 16.048.

Ortwin Runde (1997–2001): Erfolgreich, aber glücklos.

Nur 24 Stunden brauchte die SPD, um sich auf den bisherigen Finanzsenator Ortwin Runde als Nachfolger Voscheraus zu einigen. Runde, 1944 im ostpreußischen Elbing geboren, war Diplomsoziologe und saß seit 1974 in der Bürgerschaft. Ihm fehlten hanseatische Eleganz und Ausstrahlung. Er war mehr der Kumpeltyp, der im persönlichen Gespräch überzeugte, nicht aber durch sein öffentliches Auftreten. Vielleicht war Runde genau der Richtige für den ersten rot-grünen Senat, der am 12. 11. 1997 gewählt wurde.

Die GAL schickte Krista Sager (Zweite Bürgermeisterin und Senatorin für Wissenschaft und Forschung), Alexander Porschke (Umwelt) und Willfried Maier (Stadtentwicklung) auf die Senatsbank. Für die SPD übernahm Lore Maria Peschel-Gutzeit die Justiz-, Ingrid Nümann-Seidewinkel die Finanz- und Thomas Mirow die Wirtschaftsbehörde. Im April 1998 wurde Karin

Einweihung des Herbert-Wehner-Platzes in Harburg durch Bürgermeister Ortwin Runde.

Roth Gesundheits- und im April 2000 Ute Pape Schulsenatorin. Am 14. 4. 2000 übernahm Olaf Scholz den Landesvorsitz.

Trotz fehlenden Charismas und unprätentiösen Auftretens in der Öffentlichkeit regierte Runde durchaus effektiv. Auf Bundesebene holte er bei den Verhandlungen um den Länderfinanzausgleich für Hamburg viel heraus. Die Planungen für die Hafen-City wurden fortgesetzt, im Jahre 2000 der Masterplan vorgelegt und 2001 die Bauarbeiten begonnen. Die Hafenerweiterung wurde mit dem Bau des Containerterminals Altenwerder ebenso in Angriff genommen wie der Ausbau des Flughafens. Für die Erweiterung des Dasa-Werkes in Finkenwerder sollte ein Fünftel des Mühlenberger Lochs zugeschüttet werden, um die Produktion des Super-Airbus A380 zu ermöglichen. Und die Arbeitslosenzahlen sanken von über 90.000 im Jahre 1997 auf unter 70.000 vier Jahre später.

Anfang 2001 sah es daher nach einer Fortsetzung der rot-grünen Regierung aus. Dann jedoch begann die Propaganda des Amtsrichters Ronald Schill und seiner im Juli 2000 gegründeten Partei rechtstaatliche Offensive (Schill-Partei) Früchte zu tragen: Hamburg sei die »Hauptstadt des Verbrechens« und seine Justiz habe »ein Herz für Verbrecher«. Das wurde von der Hamburger Springer-Presse begierig aufgegriffen, die den »Richter Gnadenlos« erst populär machte und von Mai bis Juli eine Pressekampagne durchführte, in der jedes vermeintliche Versäumnis des Senates in der inneren Sicherheit und angeblicher Filz angeprangert wurden. Die SPD reagierte viel zu spät darauf, bot aber mit der nicht wirksam genug bekämpften offenen Drogenszene als sichtbares Symbol der Agitation Schills eine Angriffsfläche. Am 30. 5. 2001 wurde Innensenator Wrocklage durch Olaf Scholz ersetzt, der bei Drogendealern einen härteren Kurs in der inneren Sicherheit fuhr. Doch da war es schon zu spät.

So kam es am 23. 9. 2001 zum historischen Machtwechsel. Zwar konnte die SPD mit 36,5 % (46 Sitze) leicht zulegen, weil sie von der GAL (8,5 %, 11 Sitze) 22.000 Stimmen abzog und 16.000 Nichtwähler aktivierte. Doch verlor sie zugleich 36.000 Stimmen an die Schill-Partei, die zudem das seit 1993 »vagabundierende« Stimmenpotential der Protestwähler binden und auch von der CDU (26,2 %, 33 Sitze) massiv Stimmen gewinnen konnte. So errang sie 19,4 % und 25 Sitze und schickte zusammen mit CDU und FDP (5,1 %, 6 Sitze) die SPD trotz der unglaublich erfolgreichen Wirtschafts- und Arbeitsmarktpolitik des Runde-Senates nach 44 Jahren wieder in die Opposition.

Mit der Wahl 2001 endete ein Prozess, der schon in den 1980er Jahren begonnen hatte und spätestens 1993 klar zu erkennen war. Viele einstige sozialdemokratische Stammwähler in den Arbeitervierteln und Großsiedlungen fühlten sich von der SPD in ihrem Schutzbedürfnis insbesondere bei der inneren Sicherheit nicht mehr ernst genommen und wanderten zu Protestparteien ab. Die wirtschaftliche Leistungsfähigkeit der Stadt wurde von der SPD gesichert, doch viele hatten den Eindruck, die soziale Sicherheit der Menschen, zu der auch gehört, ihnen die Ängste zu nehmen, würde vernachlässigt. Das belegt auch der weitere Mitgliederschwund von 15.419 Ende 1997 auf 14.025 Ende 2001.

Werbung für den Wahlkreiskandidaten Wolfgang Curilla zur Bundestagswahl 1994.

Christoph Holstein

Der aufrechte Gang

Die Bürgerschaftswahl am 23. September 2001 führte zu einer erheblichen Verwerfung in der politischen Landschaft Hamburgs. Sie bedeutete für die SPD den Gang in die Opposition. Sie bedeutete aber auch einen erheblichen Bruch, was Inhalte, Qualität und Regierungsstil in Hamburg betrifft.

Bei der Wahl kam die regierende SPD auf 36,5 % der abgegebenen Stimmen, geringfügig mehr als bei der Bürgerschaftswahl 1997, als 36,2 % für die Sozialdemokraten votiert hatten. Die CDU unter Ole von Beust verlor 4,5 % und erzielte mit 26,2 % das schlechteste Ergebnis ihrer Geschichte. Sie sollte aber durch die Möglichkeit einer Koalition von den Stimmgewinnen des Rechtspopulisten und Amtsrichters Ronald B. Schill profitieren, der aus dem Stand auf 19,4 % kam und gemeinsam mit der FDP (5,1 %) den CDU-Spitzenkandidaten von Beust ins Amt des Ersten Bürgermeisters brachte. Anders als die SPD verlor ihr Koalitionspartner GAL an Wählerzuspruch. Für die Grünen votierten lediglich 8,5 %, was einen Verlust von 5,4 % gegenüber der 97er-Wahl bedeutete. Dass in der veröffentlichten und öffentlichen Meinung ausschließlich die SPD zum Wahlverlierer gemacht wurde, mag als eine der vielen Merkwürdigkeiten der Wahl im September 2001 gelten.

Die Hamburger SPD war gezwungen, eine in jeder Hinsicht ungewohnte Rolle anzunehmen – die der führenden Oppositionspartei. Der SPD-Landesvorsitzende Olaf Scholz bereitete die Partei ungeschönt auf das vor, was ihr bevorstand: »Sie werden kübelweise Häme über uns ausgießen. Sie werden alles tun, unser Selbstbewusstsein zu schädigen. Sie werden schlecht reden, was wir aufgebaut haben. Und sie werden für sich beanspruchen, was sie

Olaf Scholz, Landesvorsitzender von 2000–2004 mit Altbundeskanzler Helmut Schmidt bei der Talkrunde »PoliTisch« im Jahre 2002

nicht schlecht reden können«, hatte Scholz nach der Wahl prognostiziert. Es kam schlimmer. Die SPD kam in der öffentlichen Wahrnehmung nicht mehr vor. Denn Medien und Öffentlichkeit stürzten sich begeistert auf die neuen, unverbrauchten Hauptdarsteller im Rathaus. Diese hatten insbesondere den Wunsch der Medien nach einer neuen, unterhaltsamen Form der Politik erkannt und bedienten die entsprechenden Bedürfnisse. Politik wurde ersetzt – zumindest aber wesentlich ergänzt – durch Entertainment, durch Unterhaltung, durch Home-Stories. Ronald B. Schill, der später seine traurige Berühmtheit noch steigern sollte, bewies hier ein besonderes Talent. Wenn er – wie kurz vor Weihnachten 2001 – überdimensionale Weihnachtsmützen über »Starenkästen« der Polizei zog, sich mit dem Discount-Designer Colani als Uniformschneider versuchte oder auf der ersten Hamburger Polizei-Harley-Davidson posierte, waren ihm Schlagzeilen und Sendezeit sicher: endlich passierte etwas, und die Politik lieferte die für die Berichterstattung nötigen Bilder gleich mit. Dass der Versuch mit dem neuen Polizeimotorrad bereits nach Wochen beendet war – Nebensache. Schill-Abgeordnete schwadronierten über ukrainische Au-Pair-Mädchen, die deutsche Familienväter mit Aids infizieren. Justizsenator Roger Kusch – Studienfreund des Bürgermeisters und ein ähnlich narzisstischer Selbstdarsteller wie Schill – flog in die USA, um sich in einem Wüstengefängnis in Arizona Sträflinge in rosa Unterwäsche vorführen zu lassen. Auf der Suche nach einem vermeintlichen Spion in der Innenbehörde filzte die Staatsanwaltschaft das zentrale Büro der SPD-Landesorganisation – Zeichen eines Paradigmenwechsels in der Hamburger Politik.

Trotz harter Rahmenbedingungen: Die SPD fand sich mit ihrer neuen Rolle schneller zurecht, als viele vorher geglaubt hatten. Der bundesweit registrierte Aufstieg Schills führte zu einer bundesweiten Diskussion über Chancen und Risiken des Rechtspopulismus – in dieser Diskussion nahm Hamburg eine wichtige Rolle ein. Zum einen als Standort des Experiments aus vorgeblich bürgerlicher CDU und rechtspopulistischer Schill-Partei. Zum anderen, weil es die Hamburger SPD war, die diese Problematik auf die bundespolitische Tagesordnung gesetzt hatte. Die Experten der Tagung »Rechtspopulismus auf dem Vormarsch?« am 1. Dezember 2001 – gerade zwei Monate nach der Wahl – sollten mit ihren Vorhersagen Recht behalten: »Vieles«, so der Politikwissenschaftler Prof. Dr.

Frank Decker, »vieles spricht dafür, dass die Karriere des Ronald Barnabas Schill ihren Höhepunkt schon überschritten hat.«

Die Erneuerung der Hamburger SPD bezog sich sowohl auf den notwendigen Generationswechsel als auch auf die programmatische Erneuerung der Partei. »Liberal aber nicht doof« – unter diesem inoffiziellen Motto verabschiedete ein außerordentlicher Parteitag 2002 den von Innensenator Olaf Scholz bereits im Sommer 2001 eingeleiteten Kurswechsel in der Inneren Sicherheit. Insbesondere die Gleichgewichtung von Prävention und Repression ist bis heute Zeichen der Neuorientierung von Hamburgs SPD in der Opposition. Bemerkenswert übrigens: Bei den Menschen in den von Kriminalität besonders betroffenen Stadtteilen war der Kurswechsel in der Innenpolitik schneller angekommen, als bei der SPD selbst: Bei der Bürgerschaftswahl 2001 legten die Sozialdemokraten im von Drogensucht und Drogenkriminalität besonders gebeutelten Stadtteil St. Georg um 5,8 % zu – gegenüber lediglich 0,3 % in Hamburg insgesamt.

Die Bedeutung der Medienvertreter im Wahlkampf hat stark zugenommen. Spitzenkandidat für die Bürgerschaftswahl 2004 Thomas Mirow im Pulk von Journalisten

Bei einem weiteren Parteitag legte die SPD – ebenfalls im Jahr 2002 – ihre erneuerte Position in der Bildungspolitik fest. So zog die SPD aus den verschiedenen Studien zur Unterrichtsqualität die Konsequenz, das Thema »Steigerung der Schulqualität« in den Mittelpunkt der Schulpolitik zu rücken. Als Voraussetzung für Schulerfolg wurden gute Kenntnisse der deutschen Sprache festgeschrieben. Schließlich sollte die Zahl der Schülerinnen und Schüler erheblich reduziert werden, die die Hamburger Schulen ohne jeden Abschluss verlassen – und die bei den herrschenden wirtschaftlichen Rahmenbedingungen kaum eine Chance haben, ein eigenverantwortliches und eigenständiges Leben zu führen.

Thomas Mirow, Spitzenkandidat für die Bürgerschaftswahl 2004, mit zwei Mitgliedern seines Kompetenzteams: Isabella Vertes-Schütter und Mathias Petersen

Uwe Grund war zuvor – nach dem Gang der SPD in die Opposition – Vorsitzender der Bürgerschaftsfraktion geworden. Er stand aber in seiner Doppelfunktion als führender Hamburger ver.di-Vertreter und SPD-Fraktionschef unter einem erheblichen Druck – nicht nur, was die Arbeitsbelastung anging. Auf ihm lastete die – sowohl unangemessene als auch realitätsblinde – Erwartung, die SPD werde binnen Monaten wieder Regierungsverantwortung übernehmen. Grund sollte nach seinem Rücktritt 2002 vom Haushaltsexperten der SPD-Bürgerschaftsfraktion, Walter Zuckerer, abgelöst werden.

In Grunds Amtszeit fiel der Start einer politischen Initiative, die am Ende zu den größten politischen Erfolgen der SPD seit 2001 zählen sollte: die Initiative für ein modernes Kinderbetreuungsgesetz in Hamburg. Mit der SPD-getragenen Volksinitiative »mehr Zeit für Kinder« und den Mitteln der Direkten Demokratie – Volksinitiative, Volksbegehren und Volksentscheid – gelang es, erheblichen Druck auf den Senat aus CDU, Schill-Partei und FDP auszuüben. Die beiden ersten Stufen der Volksgesetzgebung – Volksinitiative und Volksbegehren – waren für die Initiative erfolgreich. Kurz vor Beginn des alles entscheidenden Volksentscheids erklärte Bürgermeister von Beust SPD-Landeschef Olaf Scholz gegenüber, er werde sich für die Annahme des Gesetzentwurfes in der Bürgerschaft einsetzen – was ein entsprechendes Signal an die CDU war. Dass eine Oppositionsfraktion einen Gesetzentwurf mit einer vergleichbaren politischen und gesellschaftlichen Bedeutung erfolgreich durch das Parlament bringt, ist bundesweit eine Ausnahme. Beim Behindertengleichstellungsgesetz sollte es der SPD-Bürgerschaftsfraktion im März 2005 gelingen, wesentliche Verbesserungen in den Gesetzentwurf des Senats hineinzuarbeiten. Das gleiche gilt für das Hamburger Hundegesetz, mit dem ein Ausgleich zwi-

schen den Interessen von Hundehaltern und dem Sicherheitsbedürfnis
etwa von Kindern oder älteren Menschen geschaffen wurde. Diese Fälle
beweisen, dass sich die SPD nach dem Regierungswechsel 2001 immer
auch als konstruktive Opposition verstanden hat.

Wie in allen SPD-Landesverbänden wurde auch in Hamburg intensiv
über die Reformagenda 2010 der Bundesregierung unter Gerhard
Schröder diskutiert. Inhaltlich unterschied sich die Hamburger Diskussion
nicht von der auf Bundesebene bzw. in den Landesverbänden. Personell
war die Lage in Hamburg aber eine besondere. Olaf Scholz war im Herbst
2002 zum SPD-Generalsekretär gewählt worden und übernahm damit
eine Doppelfunktion: als Generalsekretär und als Hamburger SPD-Lan-
desvorsitzender. In beiden Ämtern bezog er klar Position für die Reformagenda – auch gegen teilweise massiven Widerstand an der Parteibasis
und in Teilen des Landesvorstands. »In Berlin Gesetze beschließen und im
Wahlkreis erzählen, wie unglücklich man damit ist – das kommt für mich
nicht in Frage«, fasste Scholz seinerzeit zusammen. Nicht zuletzt, um sich
auf die Arbeit in seinem Wahlkreis Hamburg-Altona und seine Aufgaben
in Berlin zu konzentrieren, kündigte Scholz bereits am 9. September 2003
an, nicht erneut für das Amt des SPD-Landesvorsitzenden zu kandidieren.
Mit dem Rückzug Gerhard Schröders vom Parteivorsitz übergab Scholz
das Amt des Generalsekretärs an Klaus-Uwe Benneter. Neuer Hamburger
Landesvorsitzender wurde nach Mitgliederentscheid Mathias Petersen.

Bereits vor Ablauf der Amtszeit des ersten Landesvorstands nach dem
Regierungswechsel zerbrach die Hamburger Senats-Koalition aus CDU,
Schill-Partei und FDP. Nachdem Schulsenator Rudolf Lange (FDP) wegen
erkennbarer Unfähigkeit – insbesondere in der Schul- und der Kita-Politik
– zurücktreten musste, war Auslöser für das Ende des ersten Beust-Senats
schließlich die Entlassung von Innenstaatsrat Walter Wellinghausen.
Dieser hatte ungenehmigte Nebentätigkeiten ausgeübt und es gegenüber Medien wie auch bei der Beantwortung parlamentarischer SPD-
Anfragen mit der Wahrheit nicht so ganz genau genommen. Die beab-
sichtigte Entlassung Wellinghausens führte – unter nie ganz geklärten
Umständen – zum Bruch zwischen Bürgermeister von Beust und seinem
Innensenator und Stellvertreter Schill. Nach Aussagen Beusts habe Schill
für den Fall der Wellinghausen-Entlassung gedroht, Details aus Beusts

Privatleben preiszugeben. Die angebliche »dreckige Homo-Erpressung im Rathaus« (Bild-Zeitung) war de facto das Ende der Beust-Schill-FDP-Koalition. Schill selbst spaltete sich mit einem Fähnlein Getreuer von der ursprünglichen Schill-Fraktion ab und genoss – aus neuer Perspektive – einmal mehr die öffentliche Aufmerksamkeit. Von Beust hielt seinen mittlerweile von Schill tolerierten Senat zwar noch einige Wochen über Wasser. Die Drohungen seines ehemaligen Steigbügelhalters aber, die Verabschiedung des Haushalts im Dezember zu blockieren, zwangen den Bürgermeister zum Schlussstrich. Auf das vorzeitige Ende der 17. Legislaturperiode folgten Neuwahlen. Beust flüchtete sich nach dem Scheitern seines Paktes mit Schill erfolgreich in die Rolle des Opfers. Die Menschen sahen in von Beust nicht denjenigen, der dem Anti-Demokraten Schill die Türen zum Rathaus geöffnet hatte. Sie sahen in ihm das bemitleidenswerte Opfer eines politischen Hasardeurs, mit dem plötzlich nie jemand etwas zu tun gehabt haben wollte. Der hofierte Rechts-Sprecher Schill wurde binnen Stunden zur Unperson, der in der politischen Versenkung verschwand. Wer gestern noch geduldig Schlange stand, um mit »Richter Gnadenlos« fotografiert zu werden, wandte sich heute empört und angewidert ab – eine Scheinheiligkeit, bei der distanzierte Beobachter nur noch mit dem Kopf schütteln konnten. Bei der Bürgerschaftswahl 2004 flog Schill aus der Bürgerschaft, und die FDP flog gleich mit. Die CDU sicherte sich im roten Hamburg die absolute Mehrheit.

Die SPD war mit dem ehemaligen Wirtschaftssenator Thomas Mirow als Spitzenkandidat angetreten – und zahlte Lehrgeld. Denn in Hamburg hatte sich der Trend zur »Entpolitisierung der Politik« fortentwickelt, den der Bürgermeister – nicht ungeschickt – für sich ausnutzte. Es ging im Wahlkampf weniger um belastbare Fakten oder Leistungsbilanzen. Es ging schon gar nicht um die fragwürdige Koalition aus von Beust und Schill. Es ging um so genante »weiche Faktoren«. Es ging darum, dem von Schill so bitter enttäuschten Bürgermeister von Beust eine zweite Chance zu geben. Und darum, wer die Anforderungen der Mediendemokratie am ehesten erfüllt. Es ging - und hier war die SPD einer Selbsttäuschung unterlegen – um die Identifikation von Wahlvolk und Regierenden – unterstützt von Teilen der Medien, die sich als Akteure im Wahlkampf verstanden, nicht als Beobachter. Jeder SPD-Wahlkämpfer fröstelt noch heute in Erinnerung an die Boulevard-Schlagzeile »Ole Superstar« oder an Ganz-Seiten-Würdigungen des Bürgermeisters durch diverse Prominente, die nicht jeder kennt. Es war ein Stimmungswahlkampf, es war Winter, und es war kalt. Und dann gab es diesen Satz, den jeder SPD-Wahlkämpfer früher oder später am Infotisch zu hören bekam: »Klar ist Mirow der bessere Politiker. Aber wir wählen den von Beust.«

Die Bürgerschaftswahl 2004 brachte für die Hamburger SPD erneut ein schmerzhaftes Ergebnis. Sie kam nur noch auf 30,5 %, 6 % unter dem Ergebnis von 2001. Die GAL verbesserte ihr Ergebnis von 8,6 auf 12,3 %, die CDU zog die ehemaligen Schillwähler zu sich und erreichte mit 47,2 % (+21 %!) die absolute Mehrheit der Sitze in der Bürgerschaft. Sie brauchte weder Schill-Partei (0,4 %) noch den Schill-Ableger PRO-DM (3,1 %) und schon gar nicht die FDP (2,8 %). Die SPD musste lernen, dass es in der Hamburger Politik nach 2001 in erheblichem Maße um den »Wohlfühl-Faktor« ging. Politische Parteien und Medien befinden sich in einer immer härter werdenden Konkurrenz bei der Frage, wer die politische Willensbildung betreibt. In diesem Spannungsfeld bleibt eine wichtige Aufgabe für die SPD am Medienstandort Hamburg, einen nüchtern-pragmatischen und gleichzeitig authentisch-verantwortlichen Kurs zu entwickeln. Sprich: Die SPD muss die Gesetze der Mediendemokratie akzeptieren, ohne sich um der eigenen Präsenz in Radio, Zeitung, Internet und Fernsehen willen zu verbiegen.

Der Landesvorsitzende Mathias Petersen bei einem Wahlkreisbesuch im Augustinum in Altona 2006.

An der Spitze der Bürgerschaftsfraktion löste deren Fachsprecher für Innenpolitik, Michael Neumann, am 29. März 2004 in einer Kampfabstimmung Walter Zuckerer ab – mit dem denkbar knappen Ergebnis von 21 zu 20 Stimmen. Nach der Wahl 2004 gab es in der Fraktion einen tief greifenden Generationswechsel – tiefer als nach der Abwahl im Jahr 2001. Mit Jan Ehlers und Eugen Wagner schieden aus der SPD-Bürgerschaftsfraktion die beiden letzten Sozialdemokraten aus, die noch Regierungsverantwortung für Hamburg getragen hatten. Die deutlich jüngere SPD-Bürgerschaftsfraktion stand sowohl offensiv zu ihrer Verantwortung als auch zu ihren

Michael Naumann, *Spitzenkandidat der Hamburger SPD im Bürgerschaftswahlkampf 2008.*

Erfolgen der Vergangenheit. Sie demonstrierte gleichzeitig aber die Bereitschaft, aus den Fehlern dieser Vergangenheit zu lernen – etwa beim Thema Innere Sicherheit.

Erfolgreiches Instrument für eine konstruktive Oppositionsarbeit wurden die Mittel der direkten Demokratie, Volksinitiativen, Volksbegehren und Volksentscheid. Gleich mehrfach richteten sich Initiativen gegen die Politik des Senats. Neben der erwähnten Initiative für eine bessere Kita-Politik zeigte insbesondere die Initiative gegen die Privatisierung des Landesbetriebs Krankenhäuser (LBK) Wirkung. Den parallel zur Bürgerschaftswahl 2004 durchgeführten Volksentscheid gegen die Privatisierung des LBK unterstützten rund 75 %. Dennoch setzte der Senat seine Pläne um – wobei Finanzsenator Wolfgang Peiner die Rolle des harten Sanierers übernahm – nicht zuletzt, um Kritik auf sich zu ziehen und diese vom verantwortlichen Bürgermeister abzuhalten. Eine Rechnung, die zunächst aufging. Als die CDU aber – in einer gemeinsamen Aktion von Landespartei, Bürgermeister und CDU-Bürgerschaftsfraktion – Hand an die ungeliebten Mitsprachemöglichkeiten der Menschen in Hamburg legte und die erfolgreiche Durchführung von Volksbegehren und Volksentscheiden de facto fast unmöglich machte, gab es einen spürbaren Stimmungsumschwung in Hamburg. Am 26. Oktober 2006 hatten SPD und GAL in einer repräsentativen Umfrage der »Hamburger Morgenpost« die CDU-Mehrheit gebrochen.

Doch schon zu diesem Zeitpunkt gab es hinter den Kulissen der SPD Unmut. Ein Gespräch zwischen den Landes- und den Kreisvorsitzenden – es ging um die politisch-inhaltliche und personelle Ausrichtung der SPD vor der Bürgerschaftswahl – eskalierte und führte zu einem offenen Bruch im Landesvorstand. Die Mehrheit des Landesvorstands sprach dem seit Juni 2004 amtierenden Parteichef Mathias Petersen das Misstrauen aus. Die stellvertretende Landesvorsitzende Dorothee Stapelfeldt erklärte

120

bei der Frage der Spitzenkandidatur zur Bürgerschaftswahl ihre Bereit-
schaft zur Kandidatur gegen Petersen. Die anschließende Mitglieder-
befragung ergab kein offizielles Ergebnis, da rund 1.000 Briefwahl-
Stimmen gestohlen worden waren. Als Konsequenz trat der gesamte
Landesvorstand zurück, nach Dorothee Stapelfeldt hielt auch Mathias
Petersen seine Bereitschaft zur Kandidatur für das Amt des Ersten
Bürgermeisters nicht aufrecht.

Was mit Hinweis auf die »Hamburger Verhältnisse« bundesweit zu
hören und zu lesen war, war in jeder Hinsicht schmerzhaft für die gesamte
Hamburger SPD. In dem Moment aber, in dem von der »schwersten
Führungskrise in der Geschichte der Hamburger Sozialdemokratie« die
Rede war, gelang der Partei ein bemerkenswerter Coup: Am 7. März 2007
erklärte der ZEIT-Herausgeber und ehemaliger Kultur-Staatsminister Dr.
Michael Naumann seine Bereitschaft, bei der Bürgerschaftswahl im Jahr
2008 gegen Amtsinhaber Ole von Beust anzutreten.

Rund drei Monate nach der Frühjahrs-Krise wählte die Hamburger SPD
Naumann mit überwältigender Mehrheit zum Spitzenkandidaten für die
Bürgerschaftswahl 2008. Naumann bekam 303 von 306 Stimmen. Die Zu-
stimmung von 99 % entsprach dem Ergebnis vom 24. März 2007, als die
SPD Naumann auf einem außerordentlichen Parteitag in Folge der Krise
zum designierten Spitzenkandidaten gemacht hatte.
Naumann gab sich kämpferisch. »Die CDU wird am Abend des 24. Februar
2008 dort landen, wo sie vier Jahrzehnte lang zum Wohle der Stadt als
Dauergast residierte: in der Opposition.«

Ergebnisse der Reichstagswahlen in Hamburg 1871–1912

Datum	Wahl	SPD	Links-liberale	Liberale	National-liberale	Zentrum liberale	Konser-vative	Sonstige
03.03.1871	28,8	24,1	24,6	26,8	23,4			1,1
10.01.1874	40,8	40,9	10,2		48,4			0,5
10.01.1877	69,3	40,0	0,3		59,5			0,2
30.06.1878	71,2	41,3			57,1	0,3	1,2	0,1
27.10.1881	57,5	39,1	48,9	0,1	10,4		0,9	0,6
28.10.1884	66,6	51,7	27,1		20,9	0,1		0,2
21.02.1887	80,5	52,6	15,6		31,7			0,1
20.02.1890	83,4	58,7	17,7		23,0			0,6
15.06.1893	73,1	59,2	24,2		8,3		0,9	7,4
16.06.1898	71,2	62,5	9,3		18,1	0,5		9,6
16.06.1903	84,0	62,1	11,2		22,7	1,4		2,6
25.01.1907	85,3	60,6		22,5	15,7	0,8		0,4
12.01.1912	86,9	61,2	25,3		11,8	0,8		0,9

Ergebnisse der Bürgerschaftswahlen von 1919–1932

Datum	Wahl-beteiligung	SPD	DDP/DstP	DVP	USPD	KPD	DNVP	NSDAP	Sonstige
16.03.1919	80,6	50,5	20,5	8,6	8,1		2,9		9,4
20.02.1921	70,9	40,6	14,1	13,9	1,4	11,0	11,3		7,7
26.10.1924	66,1	32,4	13,2	14,0	0,3	14,7	17,0		8,4
19.02.1928	79,0	35,9	12,8	12,5	0,1	16,6	13,7	2,2	6,2
27.09.1931	83,8	27,8	8,7	4,8	0,1	21,9	5,6	26,2	4,9
24.04.1932	80,5	30,2	11,2	3,2		16,0	4,3	31,2	3,9

Ergebnisse der Bürgerschaftswahlen 1946–1978

Datum	Wahl-beteili-gung	SPD	CDU	FDP	VHB	HB	KPD/DKP	NPD	Sonstige
13.10.1946	79,0	43,1	26,7	18,2			10,4		1,6
16.10.1949	70,5	42,8			34,5		7,4		15,3
01.11.1953	81,0	45,2				50,0	3,2		1,6
10.11.1957	77,3	53,9	32,2	8,6					5,3
12.11.1961	72,3	57,4	29,1	9,6					3,9
27.03.1966	69,8	59,0	30,0	6,8				3,9	0,3
22.03.1970	73,4	55,3	32,8	7,1			1,7	2,7	0,4
03.03.1974	80,4	44,9	40,6	10,9			2,2	0,8	0,6
04.06.1978	76,6	51,5	37,6	4,8			1,0	0,3	4,8

Ergebnisse der Bürgerschaftswahlen 1982–2004

Datum	Wahl-beteili-gung	SPD	CDU	GAL/Grüne	FDP	Statt-Partei	Schill-Partei/Pro DM	Republi-kaner	DVU	Sonstige
06.06.1982	77,8	42,7	43,2	7,7	4,9					0,9
19.12.1982	84,0	51,3	38,6	6,8	2,6					0,4
09.11.1986	77,8	41,7	41,9	10,4	4,8					0,5
17.05.1987	79,5	45,0	40,5	7,0	6,5					0,5
02.06.1991	66,1	48,0	35,1	7,2	5,4			1,2		3,3
19.06.1993	69,6	40,4	25,1	13,5	4,2	5,6		4,8	2,8	3,6
21.09.1997	68,7	36,2	30,7	13,9	3,5	3,8		1,8	4,9	5,0
23.09.2001	71,0	36,5	26,2	8,6	5,1	0,4	19,4	0,1	0,7	2,9
29.02.2004	68,7	30,5	47,2	12,3	2,8		3,1			4,2

Literaturauswahl

125 Jahre Sozialdemokratie in Hamburg. Streiflichter aus der Geschichte der SPD. Hrsg. von der SPD-Landesorganisation Hamburg, o. O., o. J. (Hamburg 1988).

50 Jahre SPD-Kreis Hamburg-Nord. Zwischen Tradition und Modernisierung. Streiflichter aus der Kreisgeschichte. Hrsg. vom SPD-Kreis Hamburg-Nord. Hamburg 2000.

60 Jahre SPD-Bürgerschaftsfraktion Hamburg (1946–2006). Hrsg. von der SPD-Bürgerschaftsfraktion in Hamburg. Hamburg 2006.

Asendorf, Manfred, Franklin Kopitzsch, Winfried Steffani, Walter Tormin (Hrsg.): Geschichte der Hamburgischen Bürgerschaft. 125 Jahre gewähltes Parlament, Berlin 1984.

Bahnsen, Uwe: Die Weichmanns in Hamburg: ein Glücksfall für Deutschland, Hamburg 2001.

Bär, Curt: Von Göttingen über Osleb nach Godesberg. Politische Erinnerungen eines Hamburger Pädagogen 1919–1945, 2. Aufl., Hamburg 1981.

Bauche, Ulrich/Eiber, Ludwig/Wamser, Ursula/Weinke, Wilfried (Hrsg.): »Wir sind die Kraft« Arbeiterbewegung in Hamburg von den Anfängen bis 1945, Katalogbuch zu Ausstellungen des MHG, Hamburg 1988.

Braun, Bernd: Hermann Molkenbuhr: (1851–1927); eine politische Biographie, Düsseldorf 1999.

Büttner, Ursula: Errichtung und Zerstörung der Demokratie in Hamburg: Freie Gewerkschaften, Senatsparteien und NSDAP im Kampf um die Weimarer Republik. Fünf Abhandlungen, Hamburg 1998.

Christier, Holger: Sozialdemokratie und Kommunismus. Die Politik der SPD und der KPD in Hamburg 1945–1949, Hamburg 1975.

Ditt, Karl: Sozialdemokraten im Widerstand. Hamburg in der Anfangsphase des Dritten Reiches, Hamburg 1984.

Eckardt, Hans Wilhelm: Privilegien und Parlament. Die Auseinandersetzungen um das allgemeine und gleiche Wahlrecht in Hamburg, Hamburg 1980, 2. Aufl. unter dem Titel: Von der privilegierten Herrschaft zur parlamentarischen Demokratie. Die Auseinandersetzungen um das allgemeine und gleiche Wahlrecht in Hamburg. Hamburg 2002.

Ego, Anneliese: Herbert und Elsbeth Weichmann: gelebte Geschichte, Bd. 1: 1896–1948, Hamburg 1998.

Evans, Richard J. (Hrsg.): Kneipengespräche im Kaiserreich. Die Stimmungsberichte der Hamburger Politischen Polizei 1892–1914, Reinbek 1989.

Für Freiheit und Demokratie. Hamburger Sozialdemokratinnen und Sozialdemokraten in Verfolgung und Widerstand 1933–1945, hrsg. von SPD-Landesorganisation Hamburg, AK Geschichte und Arbeitsgemeinschaft ehemals verfolgter Sozialdemokraten, Hamburg 2003.

Herzig, Arno/Günter Trautmann (Hrsg.): »Der kühnen Bahn nur folgen wir...«, Bd. 2. Arbeiter und technischer Wandel in der Hafenstadt Hamburg, Hamburg 1989

Herzig, Arno/Langewiesche, Dieter/Sywottek, Arnold (Hrsg.): Arbeiter in Hamburg. Unterschichten, Arbeiter und Arbeiterbewegung seit dem ausgehenden 18. Jahrhundert, Hamburg 1983.

Joseph Berkowitz Kohn: Erinnerungen. Ein Leben als polnischer Freiheitskämpfer und hamburgischer Sozialdemokrat 1841–1905. Hrsg. von Gertrud Pickhan und Ulrich Bauche, Hamburg, 2006.

Kalbitzer, Hellmut: Widerstehen und Mitgestalten: ein Querdenker erinnert sich, Hrsg. von Christiane Rix unter Mitarbeit von Thomas John, Hamburg 1997.

Krämer, Gerd: »Bollwerk der Sozialisten des Nordens«. Die Anfänge der Altonaer Arbeiterbewegung bis 1875, Hamburg 1997.

Kutz-Bauer, Helga: Arbeiterschaft, Arbeiterbewegung und bürgerlicher Staat in der Zeit der großen Depression. Eine regional- und sozialgeschichtliche Studie zur Geschichte der Arbeiterbewegung im Großraum Hamburg 1873–1890, Bonn-Bad Godesberg 1988.

Laufenberg, Heinrich: Geschichte der Arbeiterbewegung in Hamburg, Altona und Umgebung, Bd. 1, Hamburg 1911, Bd. 2, Hamburg 1931.

Lohalm, Uwe (Hrsg.): Arbeiterpartei und Großstadtpolitik. Zum Wandel der SPD in Hamburg im 20. Jahrhundert. Hamburg 1996.

Martens, Holger: Erich Klabunde 1907–1950, hrsg. v. SPD-Bürgerschaftsfraktion, Hamburg o. J. (2000).

Martens, Holger: Wegweiser zu den Stätten von Verfolgung und sozialdemokratischem Widerstand in Hamburg. Teil I: Die innere Stadt, hrsg. von der Arbeitsgemeinschaft ehemals verfolgter Sozialdemokraten (AvS), Hamburg 2005.

Meyer, Christoph: Herbert Wehner: Biographie, München 2006.

Stolten, Otto/Stubbe, Heinrich/Krause, Emil/Leuteritz, Max: Der Kampf der Sozialdemokratie um das Rathaus in Hamburg, Hamburg 1927

Schildt, Axel: Max Brauer, Hamburg 2002.

Schult, Johannes: Geschichte der Hamburger Arbeiter 1890–1919, Hannover 1967.

Soell, Hartmut: Helmut Schmidt: 1918–1969; Vernunft und Leidenschaft, München 2003.

SPD Kreis Wandsbek (Hrsg.): SPD Wandsbek 1863-1950. Vom preußischen Ortsverein zum größten Kreis der Landesorganisation Hamburg. Text von Christa Fladhammer, Hamburg 1988.

Szodrzynski, Joachim: Hamburgs Arbeiterbewegung im Wandel der Gesellschaft. Eine Chronik. Band 4: 1945–1949, Hamburg 1989.

Teetz, Christiane: Otto Stolten und die Sozialdemokratie in Hamburg bis zum Ende der Kaiserzeit, Münster 2004.

Tormin, Walter: Der Traum von der Einheit: der Schriftwechsel zwischen SPD und KPD in Hamburg über die Gründung einer Einheitspartei 1945/46 und ergänzende Dokumente, Hamburg 1991.

Tormin, Walter: Die Geschichte der SPD in Hamburg 1945 bis 1950, Hamburg 1994.

Ullrich, Volker: Die Hamburger Arbeiterbewegung vom Vorabend des Ersten Weltkrieges bis zur Revolution 1918/19, Hamburg 1976.

Voß-Louis, Angelika: Hamburgs Arbeiterbewegung im Wandel der Gesellschaft. Eine Chronik. Band 1: 1842–1890, Hamburg 1987.

Witt, Friedrich-Wilhelm: Die Hamburger Sozialdemokratie in der Weimarer Republik. Unter besonderer Berücksichtigung der Jahre 1929/30–1933, Hannover 1971.

Zimmermann, Peter: Theodor Haubach (1896–1945). Eine politische Biographie, Hamburg 2004.

Links

www.fes.de
www.politisch-verfolgte.de

Autoren

Kutz-Bauer, Helga, Dr., Jahrgang 1939, SPD seit 1960, Historikerin, Leiterin der Landeszentrale für Politische Bildung 1985–2002

Kopitzsch, Franklin, Prof. Dr., Jahrgang 1947, SPD seit 1965, Historiker, Leiter der Arbeitsstelle für Hamburgische Geschichte (Universität Hamburg)

Büttner, Ursula, Prof. Dr., Jahrgang 1946, Historikerin, Wissenschaftliche Mitarbeiterin der Forschungsstelle für Zeitgeschichte in Hamburg

Martens, Holger, Dr., Jahrgang 1962, SPD seit 1984, Historiker, Geschäftsführer von Geschichtswerk e.G.

Tormin, Walter, Dr., Jahrgang 1923, SPD seit 1946, Historiker, Senatsdirektor a.D.

Oldenburg, Christel, Jahrgang 1961, SPD seit 1993, Historikerin, Leiterin des Archivs und der Bibliothek im Museum für Bergedorf und die Vierlande

Woyke, Meik, Dr., Jahrgang 1972, SPD seit 1997, Historiker, bis September 2007 Forschungsstelle für Zeitgeschichte in Hamburg, seitdem Historisches Forschungszentrum der Friedrich-Ebert-Stiftung in Bonn

Schütze, Michael, Jahrgang 1968, SPD seit 1987, Historiker, Fraktionsgeschäftsführer der SPD-Fraktion Bergedorf

Holstein, Christoph, Jahrgang 1963, SPD seit 2001, ehemaliger Pressesprecher SPD-Landesorganisation